교사가
되기 전에는
몰랐습니다만___

교사가
되기 전에는
몰랐습니다만____

초판1쇄 2020년 6월 25일 **초판4쇄** 2022년 8월 19일 **지은이** 최문혁 **일러스트** 최문혁 **펴낸이** 한효정
편집교정 김정민 **기획** 박자연, 강문희 **디자인** 화목, 이선희 **마케팅** 유인철, 이산들 **펴낸곳** 도서출판
푸른향기 **출판등록** 2004년 9월 16일 제 320-2004-54호 **주소** 서울 영등포구 선유로 43가길 24 104-
1002 (07210) **이메일** prunbook@naver.com **전화번호** 02-2671-5663 **팩스** 02-2671-5662
홈페이지 prunbook.com | facebook.com/prunbook | instagram.com/prunbook

ISBN 978-89-6782-105-0 03370
ⓒ **최문혁**, 2020, Printed in Korea

값 14,300원

이 도서의 국립중앙도서관 출판예정도서목록(CIP)은 서지정보유통지원시스템 홈페이지(http://seoji.
nl.go.kr)와 국가자료공동목록시스템(http://www.nl.go.kr/kolisnet)에서 이용하실 수 있습니다.
CIP제어번호 : CIP2020021163

이 도서는 한국출판문화산업진흥원의 '2020년 우수출판콘텐츠 제작 지원'사업 선정작입니다.

슬기로운
초등교사생활

교사가
되기 전에는
몰랐습니다만

최문혁 지음

푸른향기
Prospect Publishing Co.

진짜 선생님이 되어가는 수업

나는 초등학교 교사다. 몇 번의 갈림길을 거쳐서 교사가 되었다. 매일의 일과를 만으로 10살이 채 되지 않은 아이들과 함께 보내고 있다. 하루에도 수없이 많은 일들이 일어나고 또 사라진다. 그렇게 2014년부터 시작된 교사생활이 지금까지 이어지고 있다.

지난여름, 방학을 일주일 남기고 나는 학교를 그만둬야겠다는 생각을 했다. 아무 것도 재미가 없었다. 학교생활이 힘든 건지 개인적인 생활이 힘든 건지 알 수가 없었다. 하지만 확실한 것은 학교든, 개인적인 생활이든 그 어느 것도 이어나가고 싶지 않을 만큼 힘들었다. 아이들을 봐도 전혀 즐겁지 않은 상황까지 가버렸다. 그저 의무감에 학교를 나가고, 수업을 진행하며 활동을 이어나갔다. 매일 퇴근하면서 차를 타고 외곽에 있는 탁 트인 곳에 가서 멍하니 서 있고는 했다. 운전을 하고 다니면서도 도착 후에 생각해보면 어떻게 왔는지 기억이 안 날 때가 많았다. 그러다 나는 쌓여만 가는 스트레스의 압박을 차츰 자각하게 되었다.

곰곰이 생각해보니 나는 쉬어야 할 때 제대로 쉬지 못했던 것 같

앗다. 이대론 안 되겠다 싶어 학교에 작은 배려를 요청했다. 방학을
일주일 남긴 상황에서 딱 하루를 쉴 수 있었다. 그 하루 동안 몸 상
태가 너무나도 편안했다. 아침에 일어나서 집 앞 카페에 갔다. 여유
롭게 커피를 마시며 그림을 그리고 글도 썼다. 동네 이곳저곳을 돌
아다녀보아도 평일 오전 시간에 나처럼 여유롭게 쉬는 사람은 많지
않았다. 무엇이든 내 마음대로 해도 된다는 것이 정말 좋았다. 하지
만 편안한 몸과는 달리 마음은 하루 종일 불편했다.

　'아이들은 잘하고 있을까?'

　'수업은 누가 대신하고 있을까?'

　'내가 이렇게 쉬어도 되는 걸까? 잘하는 것일까?'

　다음날 다시 출근을 하면서 모든 것이 원래대로 돌아왔다. 그렇게
여름방학을 했고, 나는 3주간의 연수를 받기 위해 타지로 떠났다. 한
마디로 연수는 나를 바꿔놓는 기회가 되었다. 훌륭한 선생님들의 강
의를 연달아 들었다. 그러면서 한 학기 내내 몸과 마음이 지칠 대로
지쳐갔던 나는 좋은 선생님이 될 수 있다는 자신감이 생겼다. 이 자

신감으로부터 나는 할 수 있는 무언가를 시작해야 한다는 생각을 하게 되었다. 나를 돌아보며 내가 할 수 있는 가장 좋은 방법을 찾아보았는데, 그것이 바로 글쓰기였다.

학교에서 일어나는 수많은 일과 그에 대한 내 생각을 하나씩 적어보기로 했다. 여러 주제로 글을 적어보며 나에게도 꽤 즐거운 일들이 일어나고 있다는 것을 알게 되었다. 힘든 일에 대해 적어보면서 힘든 이유를 알고, 내가 원하는 방향에 대해서도 생각해 볼 기회를 가질 수 있었다. 주변의 상황에 대해 찬찬히 살펴보고 정리하는 과정에서 얻은 성과였다. 좋은 선생님이 될 수 있을 것 같다는 막연한 자신감에 조금씩 확신이 붙기 시작했고, 그렇게 천천히 나는 진짜 선생님이 되어가는 것을 느꼈다. 몸과 마음으로 겪은 작은 체험들이 차곡차곡 쌓여 큰 배움이 된 것이다. 아이들을 가르치는 내가 이렇게 배워가기 시작했다.

그리고 마침내 나의 작은 경험과 글들이 책으로 출간되기에 이르렀다.

나는 이 책이 선생님이 되고자 열심히 노력 중인 예비 선생님들에게 도움이 되었으면 한다. '학교에 가서 아이들 앞에 서면 어떤 일이 일어날까?' 하는 기대와 설렘, 그리고 막연한 걱정을 충분히 해소할 수 있을 것이다. 교직을 준비하는 과정에서부터 좋은 선생님이 될 수 있다는 자신감을 가질 수 있다면 그보다 더 좋은 준비과정이 있을까.

　또한 나처럼 발령을 받고 얼마 지나지 않은 신규 선생님들에게도 조금이나마 도움이 되고자 한다. 아는 것보다는 모르는 것들이 많고, 경험해 본 것보다는 겪어보지 못한 것들이 많기에 걱정과 답답함이 가득할 것이다. 초보교사로서 내가 겪은 과정을 함께 돌아보며 신규 선생님들 모두가 확신을 가질 수 있었으면 좋겠다.

　가르치고 배우는 수업에 누구보다 전문가인 우리. 이제 진짜 선생님이 되어갈 수업을 할 차례다. 우리 모두는 충분히 좋은 선생님이 될 수 있다.

프롤로그 | 진짜 선생님이 되어가는 수업 … 004

Chapter 1. 나는 선생님입니다

선생님이 되고 직업병이 생겼어요 … 014

초등교사의 평범한 하루 … 017

선생님도 함께 하는 10분 독서 시간 … 023

나의 장래희망은 선생님? … 026

만나고 헤어지는 게 사람 사는 거란다 … 030

소리를 질러본 적 없던 나에게 … 035

임기응변의 달인이 되었습니다 … 038

응? 뭐라고? 안 들려 … 043

으쓱카드와 머쓱카드 … 047

아프고 싶어도 아플 수 없는 … 051

차갑게 식은 커피 … 054

누구에게나 도움을 줄 수 있다는 것 … 059

언제나 내 편인 사람들 … 062

아무 데나 피어도 모두 다 꽃이야 ⋯ 066

지금 내가 놓치고 있는 것 ⋯ 070

학교에서 다친 아이, 실수를 통해 배우다 ⋯ 074

선생님은 연애하는 중이에요 ⋯ 077

Chapter 2. 어른 같지 않은 어른으로 키우겠습니다

장난과 폭력 사이에서 ⋯ 082

왜 상추쌈은 나오는데 깻잎은 안 줘요? ⋯ 086

어른 같지 않은 어른으로 키우겠습니다 ⋯ 090

또 다시 우유전쟁 ⋯ 094

학습준비물을 신청합니다 ⋯ 097

우리는 모두 포노사피엔스 ⋯ 101

호기심과 흥미를 유발하는 수업, 스며드는 공부 ⋯ 105

아이들도 고민이 있답니다 ⋯ 109

학생들의 하루를 들여다보는 비밀스러운 방법 ⋯ 112

영차 영차 가을운동회를 기대하셨다면 ⋯ 115

매번 긴장되는 현장체험학습 … 118

세 개의 도장 … 122

선생님, 자리 언제 바꿔요? … 126

학교가 두렵지 않아요 … 130

왜 자유시간에 인색했을까요 … 134

믿음이의 특별한 생일 선물 … 137

얘들아, 오늘은 봉사활동 하는 날이야 … 140

멀리서 바라보면 이것도 희극이겠죠 … 144

우리 반 우렁각시를 소개합니다 … 147

Chapter 3. 조약돌이 될까, 발구름판이 될까?

쌤, 학교 안 가세요? … 151

같은 방향을 보며 같이 웃자 … 155

언제나 긴장되는 학부모 상담 … 159

전학생이 교무실에 와 있는데요 … 163

내 손을 살포시 잡아주던 아이 … 166

얘들아, 선생님 출장 다녀올게 ⋯ 169

이번에는 꼭 제대로 들어야지, 원격연수 ⋯ 172

닮고 싶은 사람들 ⋯ 176

13번의 종소리 ⋯ 180

예비군 훈련 중에도 마음은 학교에 ⋯ 183

Chapter 4. 마음속에서는 언제나 줄다리기

텅 빈 담임과의 대화 시간 ⋯ 187

없어서는 안 될 그것! TV ⋯ 191

방과 후의 비밀스러운 대화 ⋯ 195

퇴근하면 업무가 끝난다고요? ⋯ 198

너무도 소중한 회식 시간 ⋯ 201

아이들도 선생님도 급식을 기다립니다 ⋯ 204

마음속에서는 언제나 줄다리기 ⋯ 208

갑작스러운 정전 ⋯ 211

가끔은 휴식이 필요해 ⋯ 215

차례

개인정보 보호가 생명이다 ⋯ 219

교사 연구실의 비밀 ⋯ 223

동료장학 공개수업을 합니다 ⋯ 226

우리 학교의 축, 친화회 ⋯ 230

여기도 선생님, 저기도 선생님 ⋯ 233

외국에서 일 년 살아보기? 원어민 선생님의 마음 ⋯ 237

노이즈 캔슬링이 필요하다 ⋯ 241

학교장 재량휴업일, 쉴 때는 쉬어야죠 ⋯ 244

내가 방송실에 있으면 우리 반 대피 훈련은 누가? ⋯ 247

새로운 학교를 만드는 중입니다 ⋯ 250

에필로그 | 나는 꼭 행복할 거다 ⋯ 255

Chapter 1.

나는 선생님입니다

선생님이 되고 직업병이 생겼어요

나는 군 생활을 경찰서에서 보냈다. 의무경찰 생활을 하면서 부대가 아닌 경찰서 건물에서 지내게 된 것이다. 주로 하는 일은 민원인이 방문했을 때, 절차나 담당 부서를 안내하는 일과 경찰서 내의 차량 출입을 통제하고 관리하는 역할이었다. 근무를 하다 보니 경찰서 정문을 통해 들어오는 수많은 차들이 점차 익숙해졌다. 직원들의 차, 경찰서에 있는 다양한 관용차, 자주 방문하는 민원인들의 차 등 번호만 보아도 누구의 차인지 얼굴까지 떠오를 정도였다. 그때 생긴 버릇이 길을 지나다니면서 차번호를 꼭 보게 되는 것 같이었다. '어? 저거 누구 차 아닌가?' 하는 생각과 함께 말이다.

선생님으로 일을 하면서도 직업병처럼 버릇이 되어 버린 것이 있다. 개인적으로 여행을 가거나 인터넷으로 무언가 검색을 하거나, 혹은 카페에 가만히 앉아 있는 경우라도 그 상황을 항상 교육활동과 연관 지으려고 노력한다는 점이다. 즐기기 위해서, 휴식을 취하기 위해서 방문한 곳에서도 '이건 아이들한테 이런 단원 진도 나갈 때 보여주면 좋겠다'면서 사진과 영상을 찍는 상황을 자주 겪곤 한다.

대학교 동기는 가족들과 함께 태국 여행을 다녀왔다고 한다. 맛있는 음식들도 먹고, 유명한 관광지들도 많이 둘러보았다고 한다. 그러면서 이런저런 사진들을 보여주는데, 그 사진들을 보면서 알게 모르게 공감이 되었다. 유명한 전통 사원의 무늬들을 찍은 사진을 보면서 "이거 대칭 배울 때 보여주면 좋겠지?" 하는 모습에서 말이다. 나도 수업 시간에 아이들을 위해 언젠간 사용하겠지 하는 마음으로 사진을 찍어두는 경우가 참 많다.

선생님의 다양한 경험이 아이들에게는 또 다른 세계의 학습이다. 꼭 교과의 어떤 단원과 관련이 있어야 하는 것은 아니다. 때때로 아이들의 삶과 행동을 통해 어른인 부모와 교사들은 많은 것을 느끼고 배우게 된다. 그처럼 학생들도 마찬가지로 우리의 일상적인 삶을 통해 더 많은 것들을 보고, 더 넓은 세상을 간접적으로 만나게 된다.

종종 주말에 다녀온 곳을 아이들에게 사진으로 보여주곤 한다. 사진을 소개하고 난 뒤에 그곳이 어디인지, 어떻게 가면 좋은지, 가서 무엇을 보고 어떤 생각을 하면 좋을지를 함께 이야기해본다. 아이들이 언젠가 가족과 함께 방문해서 직접 느끼고 체험해보기를 바라기 때문이다. 간접적인 경험이 직접적인 경험과 학습으로 이어지기를 바라는 마음이다.

정말 사소한 부분에서 이러한 직업병을 느끼곤 한다. 작정하고 민속촌에 답사를 가서 아이들에게 보여주고 싶었던 우데기를 사진으로 찍어 보여주는 것과는 다른 느낌이다. 보도블록을 보면서 테셀레이션(모양 이어 붙이기)을 떠올리고 사진을 찍는 것. 고속도로에서 지나가는 산들이 겹쳐져 있는 모습을 보면서 공기 원근법과 먹의 농담을 떠올리는 것. 우연히 잘 찍힌 사진을 보면서 아이들과 함께 만들 UCC 영상에 넣기로 나 혼자 마음먹는 것들이 그렇다.

길을 걸어 다니면서, 운전을 하면서 항상 이런 생각만 하고 사는 것은 아니다. 문득 이런 생각이 떠오를 때가 있다. 덕분에 좋은 점은 조금은 새로운 방식으로 아이들에게 다양한 예시를 제시해 줄 수 있다는 것이다. 교과서에서 소개하는 정해진 몇 가지의 사례가 아니라, 내가 떠올린 일상 속의 다양한 사례와 상황들을 이용할 수 있다는 것은 호기심을 끌어올리고, 학습에 대한 의욕을 높여줄 수 있다. 물론 다양한 예시를 이용하여 아이들의 이해력을 상승시키는 데에도 어느 정도 도움을 줄 수 있다.

이러한 좋은 점과 교육적 효과를 알고 있지만, 요즘 나는 오로지 사진과 영상으로 찍어두는 것이 전부다. 배우고 있는 내용이 소개하고 싶은 내용과 관련이 있다면 다행이지만, 나중에 써야지 하면서 잊어버리는 것이 많긴 하다. 조금은 더 체계적인 나만의 정리 폴더를 만들어야 할 필요성을 느낀다. 문득문득 포착한 사진일지라도 체계적으로 모아둔다면 나만의 근사한 교구 상자가 될 수 있지 않을까 싶다. 그 상자가 나의 강점이 될 수도 있고 말이다. 나만의 체계적인 상자를 어떻게 잘 구성할 수 있을지 고민을 해 봐야겠다.

초등교사의 평범한 하루

솔직히 요즘 너무 바쁘다. 출근하고 한숨 돌리면 퇴근해야 할 시간이 다가온다. 어떻게 시간이 흘러가는지도 모르게 하루가 금방 지나간다. 손목에 차고 있는 스마트워치는 쉴 새 없이 울려댄다. 하루 걷기 목표를, 하루 운동 목표를, 하루 계단 오르기 목표를, 하루 일어서기 목표를 오전이면 달성했다면서 말이다. 드륵 드륵 진동 소리와 함께 메시지가 표시된다. '아침형 인간이시군요. 내일도 기대할게요.' 뭔가 모르게 놀리는 듯한 기분이 든다. 그러면서 또 문득 생각한다. '나 정말 부지런한가 보다.'

나의 하루를 돌아보면서 천천히 살펴보아야겠다. 나는 보통 아침 8시~8시 20분 사이에 학교에 도착하려고 노력한다. 보통은 차를 운전해서 출근하기 때문에 시간을 맞추기가 쉽다. 부득이하게 걸어서 학교에 가게 되는 날도 있는데, 이럴 때에는 조금 더 일찍 집에서 나선다. 보통 그 시간에 학교에 가면 아무도 없는 어두운 교실 불을 켜며 하루를 시작하게 된다. 나는 그때가 좋다. 너무 아늑하고 편안하기 때문이다. 하지만 그런 여유를 즐길 틈이 없다. 출근시간에 맞추어 설정해 둔 각종 리마인더 알림들이 쏟아져 내린다. 보통 2~3개 정도의 급하게 처리해야 할 일들을 생각날 때마다 설정해 둔다. 많은 날에는 4~5개의 알림이 동시에 쏟아지기도 한다. 아이들이 오기 전에 최대한 집중해서 처리하려고 서두르는 편이다. 그러나 그러한 시간은 보통 짧게 끝나버린다. 아이들이 학교에 등교한다. 선생님이 학교에 일찍 온다는 것을 알고 점점 등교시간이 빨라지는 듯하다. 그러다 하루 출근을 조금 늦게 하면 아이들이 기다렸다면서 난리가 나기도 한다.

어느새 시간은 9시가 되었다. 9시부터 9시 10분까지 짧은 시간이지만 다 함께 책을 읽는다. 다음 글에서 다루겠지만 요즘은 나도 하던 일을 모두 멈추고 책을 본다. 사실 그 10분이라는 짧은 시간이라도 컴퓨터 자판을 두드릴 수 있다면 작은 일 하나 정도 빠르게 처리할 수 있을 것이다. 그래도 그 유혹을 참아낸다. 내가 책을 보니 아이들도 이전보다 조용히 책을 집중해서 본다. 이 분위기를 포기할 수가 없다.

바로 1교시 수업이 시작된다. 보통 아침에는 국어수업을 하기로 계획하였다. 차분하게 시작해서 재미있는 이야기들로 분위기를 끌어올리기 적당하다고 생각했다. 사실 수업을 하면서는 수업 말고는 다른 어떤 것도 하기가 힘들다. 쉴 새 없이 대화를 주고받고, 질문을 주고받고, 도움을 요청하는 28명의 아이들을 마주해야 한다. 깜빡하고 활동에 쓰려고 준비해 둔 학습지를 복사하지 못했다. 복사기를 쓰려면 조금 떨어진 교사 연구실에 가야 하므로 교실에서 얼른 새로 인쇄를 시작한다. 그 복잡하고 혼잡한 과정 동안 아이들의 모든 질문에 미소를 지으며 한결같이 대답한다.

"잠깐만 기다려봐~ 금방 갈게."

바쁜 와중에 정신없이 인쇄를 하려니 실수투성이다. 모아 찍기에서 실수를 하던, 양면 인쇄에서 실수를 하던 무언가 실수를 하게 되곤 한다.

한 줄기 빛과도 같은 교과 전담 시간이 왔다. 아이들과 체육을 하러 강당으로 줄 지어 이동한다. 강당에서 체육 선생님을 만나 아이들을 맡기고 나는 교실로 다시 올라온다. 나에게 주어진 40분간의 온전한 업무 시간이다. 보통은 아침에 다 하지 못했던 자료 준비나, 업무를 하면서 40분을 흘려보낸다. 왜 이리 남의 수업 시간은 빠르게 흘러가는지…. 종소리와 함께 저 멀리서 아이들이 재잘대며 교실로 돌아온다. 체육시간에 누구와 같은 팀이 되었는지, 어떤 놀이를 했는지, 누가 누구랑 싸웠는지 대화를 이어나간다.

점심을 먹을 시간이 되었다. 손을 씻고 줄을 선 후 식당으로 함께 이동한다. 급식을 받아서 아이들을 자리에 앉도록 안내하고 테이블 바깥쪽 모서리 자리에 앉는다. 밥을 한 숟갈 뜬다. 일어서서 반찬을 가지고 투덜대는 아이에게 다녀온다. 밥을 한 숟갈 뜬다. 일어서서 밥 먹다 말고 말싸움을 하는 아이들에게 다녀온다. 그러면서도 아이들은 밥을 굉장히 빨리 먹는다. 얼른 먹고 나가서 친구들이랑 노는 게 더 중요하단다. 아이들이 다 식당을 빠져나가면 나도 식판을 정리하고 나선다.

점심시간이 20분가량 남았다. 교사 연구실에 들러본다. 나누어줘야 하는 안내장이 오늘도 세 장이나 된다. 종이컵에 커피를 한 봉지 털어 넣고 따뜻한 물을 부어 마시려는 순간, "똑똑똑" 노크 소리가 들린다. 보통은 누가 누구랑 싸웠다든지, 운동장에서 발견한 주인 없는 우유를 주워왔다든지, 가방에 물을 쏟았다든지 하는 이야기를 듣게 된다. 대부분 점심시간에 듣게 되는 이야기들은 아이들 스스로가 느끼기에 심각하고 걱정스러운 일이다. 커피고 안내장이고 그대로 내려둔 채 아이들과 함께 현장으로 향한다. 누군가는 도움을 필요로 하고, 다른 누군가는 도움을 요청하러 오고, 나는 도움을 준다. 체계적인 시스템으로 돌아간다는 느낌이 들 때도 있다.

오후 수업도 마찬가지로 이루어진다. 알림장을 쓰고, 자리 청소를 하고, 안내장을 나누어 가지고 인사를 서로 주고받으며 아이들은 교실을 나선다. 그때가 보통 2시에서 3시 사이이다. 아이들이 자기 자리 주변을 청소하고 갔지만, 나는 다시 청소를 한다. 이번에 친구가 추천해준 실리콘 빗자루를 샀는데, 이게 진짜 효과 만점이다. 아이들이 한 번씩 쓸고 간 깨끗한 바닥을 쓰는데, 검은 먼지가 파도처럼 뭉쳐 따라온다. 미세먼지까지 잡아주는 게 아닌가 싶을 정도로 청소가 된다. 청소를 하고 나면 내 책상 정리를 한다. 교과서나 연필이나 볼펜이나 프리젠터나 안내장이나 학습지 같은 것들을 정리한다. 나야말로 미니멀 라이프가 필요한 사람인 것 같다.

이제 본격적으로 해야 하는 업무를 확인한다. 3층 교실에서 생활하는 나는 일하기 딱 좋은 위치에 자리를 잡은 셈이다. 1층, 2층, 4층, 5층, 강당, 운동장 여기저기 움직이기에 적당한 위치가 아닐까 싶다. 안 움직여도 되는 업무를 정했더라면 더 좋았겠지만 말이다. 오늘은 어디 가지 않아도 되는 일을 하려고 한다. 다음 주에 있을 새 학기 교육과정 설명회(학부모 총회) 자료를 만들어야 한다. 우리 반 자료가 아니라 학교 자료를 만들어야 한다. 내가 방송교육 업무를 담당하고 있긴 한데, 만드는 것까지가 내 일일까 싶은 의문이 들기도 한다. 그래도 컴퓨터로 뭔가 뚝딱뚝딱 만들고 하는 걸 좋아하니까 좋게 생각하고 만들기로 한다.

갑자기 전화가 온다. 다음 주에 있을 캠페인 활동 모습을 촬영해서 영상으로 만들어야 한다고 하신다. 아침방송을 통해 학생들에게 보여줄 계획이라고. 또 전화가 온다. 다다음주에 6학년에서 흡연예방 교육 마술쇼를 하는 것과 관련하여 업체에서 학교 방송설비를 문의해왔다. 또 다른 아침 방송에 미세먼지와 관련된 영상을 미리 준비해두어야 한다는 전화까지 모두 받고 나니 갑자기 아무것도 하기가 싫어진다. 교실 불을 끄고 좋아하는 노래를 틀어둔다. 의자에 삐딱하게 기대앉아서 핸드폰을 살펴본다. 하루 종일 읽지 못한 알림들이 빼곡하게 쌓여있다. 일일이 확인하고 답하고 하는 그 당연한 행동들도 뭔가 일 같아서 하기가 싫다. 그냥 휴대폰을 내려놓는다.

어느덧 퇴근 시간이 다가왔다. 머릿속으로는 오늘 해야 했지만 다 하지 못한 일들을 쭉 떠올린다. 그리고 리마인더 앱에 들어가 알림 설정 날짜를 슬그머니 하루 뒤로 늦춘다. 그 알림들은 오늘 아침에 이어내일 출근길에 또다시 나를 반겨주게 될 것이다. 매일 그렇게 지내다 보니 익숙해져서 그런지 정신없는 이런 생활이 당연한 듯 여겨진다.

물론 매일 매일이 이렇게 바쁜 것은 아니다. 또 몇 주 지나면 여유가 생기겠지 하면서 일단 또 버틴다. 그때까지만 열심히 해내자! 아침에 리마인더 알림 없이 출근하는 그날을 기다리며.

선생님도 함께 하는 10분 독서 시간

나는 이번 여름방학을 보내면서 흘러넘친다고 표현할 정도로 자신감이 많이 상승했다. 방학 시작과 동시에 3주간 연수를 들었다. 바닷가에 있는 교육연수원에 가서 매일 출퇴근을 하며 정말 많은 것들을 배웠다. 우선 잘 할 수 있겠다는 자신감이 들었고, 심지어는 빨리 방학이 끝나서 아이들에게 이런 저런 재미있는 활동들을 열정적으로 해보고 싶다는 생각도 들었다. 그렇게 어느덧 개학이 되었다.

참 다행이다. 처음으로 내 이야기를 글로 써 보아야겠다고 다짐한 오늘, 새 학기를 본격적으로 시작하게 되었으니 말이다.

개학날 아침, 첫 느낌은 아주 산뜻했다. 평소보다 조금 더 일찍 학교에 가서 새로운 시작을 준비했다. 사실 개학 며칠 전부터 교실 정리나 개학 활동 준비를 해왔다. 오늘은 그 준비의 마무리를 했다고 하는 것이 더 정확하겠다. 모든 준비를 마쳤다고 생각하고 아이들을 기다렸고, 오래 지나지 않아서 아이들은 교실로 삼삼오오 들어왔다. 길고 자유롭던 방학이 끝나 아쉬움이 많을 텐데, 아이들의 표정은 한결같이 웃음 가득이었다. 나는 오랜만의 만남이 조금은 어색하고 긴장이 몰려오기도 했지만, 이전 학기에 그래왔듯 어느덧 편안하게 아이들을 맞이했다.

웃고는 있지만 아이들 또한 조금은 교실을 낯설어하고, 어딘가 경직되어 있는 모습을 보이기도 했다. 나는 조금 더 웃어주고, 조금 더 먼저 말을 걸어주었다. 별 말은 아니었지만 아이들은 그간 있었던 일들, 속상했던 일들, 아쉬웠던 일들까지 그 짧은 시간에 모두 이야기해 주었다. 그렇게 아이들은 다시 방학하기 전의 모습으로 돌아갔다.

개학날인 목요일과 금요일에는 수업을 하지 않았다. 방학 동안 학교에서 떨어져 자유롭게 생활하던 아이들을 교실에 다시 적응하도록 도와주는 시간을 가졌다. 물론 나 역시도 한껏 어색해진 교실의 분위기에 적응할 시간이 필요했다.

이런 상황을 거쳐 오늘 본격적인 교과 수업을 하는 첫날을 보냈다. 우리 학교는 아침 9시에 책 읽는 시간을 갖는다. 10분 내외로 짧지만 꾸준하게 함께 하는 시간이다. 창피한 이야기지만 1학기에 우리 반 아침독서 시간은 잘 운영이 되지 않았다. 나는 항상 "책 읽자"라거나 "행복아, 읽을 책 꺼내야지" 혹은 "믿음아, 도서관 가서 재미있는 책 빌려와도 괜찮아"라고 쉴 없이 이야기해야 했다. 조용히 책을 읽고 싶어 하는 몇몇 학생들에게 미안했다. 조용히 책을 읽는 시간에 선생님이 제일 많이 말을 하고 소리를 내야 했으니 말이다. 그렇게 나는 책을 읽지 않거나 집중하지 않는 아이들을 탓했다. 내 모든 관심은 몇몇 책을 제대로 읽지 않는 아이들에게 쏠려 있었으며, 그들이 바뀌어야 우리 반의 분위기가 좋아질 것이라 생각했다.

이제 와 생각해보니 잘못된 것은 사실 나였다. 모두가 짧지만 꾸준히 책을 읽기로 약속한 아침 독서 시간에 나는 책을 읽지 않았다. 바쁘다는 이유로 컴퓨터로 일처리를 하거나, 교사 연구실에서 회의를 했다. 나는 단 한 번도 내가 책을 꺼내서 아이들과 함께 책을 읽으며 시간을 보내야겠다는 생각을 하지 못했다. 그러면서 아이들한테 정해진 시간에 책을 읽어야 한다고 매번 강요했다. 내게 말은 안 했지만 그러한 선생님의 모습을 의아하게 생각한 학생이 한두 명 정도는 있었을 것 같다. 이번 방학을 통해 얻게 된 첫 번째 깨달음이다. 독서 시간에는 선생님도 함께 독서를 해야 한다. 처음 독서 시간의 시작만 알려주고 나도 책을 펼쳐 읽기 시작했다. 정말 신기하게도 아이들에게 "책 펴자", "책 꺼내야지"라며 잔소리할 상황이 확연하게 줄어들었다.

오늘 하루, 딱 10분가량의 짧은 독서 시간을 통해 큰 깨달음을 얻었다. '함께 하자', '같이 하자'는 깨달음이다. 같은 교실, 같은 상황 속에서 함께 지내면서 일방적으로 어떤 행동을 강요하거나 시키는 것은 선생님으로서 해야 할 옳은 행동은 아니라는 것을, 또 아이들은 어른의 모습을 어떻게든 보고 배운다는 말의 참뜻을 진심으로 느끼게 된 하루였다. 하루하루 아이들로부터 하나씩 배워나가는, 그렇게 언젠가는 완성에 가까워질 나의 새내기 교직생활. 오늘도 나는 이렇게 진짜 선생님이 되어가나보다.

나의 장래희망은 선생님?

초등학교 시절부터 나는 항상 "장래희망이 뭐니?"라는 질문에 대한 답을 준비한 채로 살아가야 했다. 자기소개를 할 때 이름과 함께 장래희망을 이야기하는 것이 당연했으며, 선생님을 포함한 대부분의 어른들은 나의 장래희망을 묻는 것에 관심이 많은 것 같았다. 그러한 분위기 속에서 지냈음에도, 되고 싶은 미래를 온전히 그려가면서 나의 진로를 탐색하여 정하고, 그렇게 꿈을 하나하나 계획적으로 실현할 수 있는 기회는 딱히 없었던 듯싶다. 그럼에도 나의 장래희망, 부모님이 원하는 장래희망은 아직까지도 나의 학생생활기록부에 몇 년치의 자료로 남아있다.

그러한 질문이 계속될 때마다 나는 "선생님"이라고 대답했다. 나는 선생님이 되고 싶었다. 딱히 별다른 계기가 있다거나 닮고 싶은 롤모델을 만난 것은 아니다. 그저 선생님이 되고 싶다고 생각했던 것 같다. 그것이 초등학교 선생님인지, 중학교 선생님인지, 수학 선생님인지, 과학 선생님인지, 일본어 선생님인지는 전혀 생각해 본 적 없었다. 그렇게 나는 막연하게나마 꿈을 멋대로 정해놓은 채 차분히 단계를 밟았다.

나는 수능에 자신이 없었다. 특히나 수리영역에는 전혀 소질이 없다고 느낄 정도로 처참했다. 반면 내신 시험에서는 꽤 좋은 성적을 꾸준히 얻었다. 교과 선생님들이 알려주는 출제범위를 보고 나름대로 종이에 예상 문제를 만들어보곤 했다. 그리고 친구들과 나누어 푸는 데 재미를 느끼곤 했다. 내가 그런 식으로 만들어 낸 시험지를 보고 어떤 선생님은 "이거 어디서 났어?" 하면서 당황스러워하기도 했다. 이러한 상황을 보았을 때, 나는 수시 전형을 통해 대학을 가야 하는 학생이었다. 참 다행히도 내가 대학 입시에 참여하는 그 해까지만 해도 수시모집 지원에 제한이 없었다. 말 그대로 응시료만 낸다면 원하는 학교, 원하는 전형에 얼마든지 원서를 제출할 수 있었다.

나는 총 11개의 학교에 수시모집 입학 원서를 제출했다. 그중에 교대는 두 군데였다. 그리고 사범대는 없었다. 나머지는 모두 일반 대학교의 일반 학과였다. 이때 내가 실은 교사라는 직업을 크게 염두에 두지 않았다는 것을 스스로 깨닫게 되었다. 또한 나는 문득 느꼈던 것 같다. 내가 남들처럼 넓디넓은 대학교에 가서 경영학을 공부하고, 영어를 공부하고, 법학을 공부하고, 인문학을 공부해서 시험을 보고 면접을 보고 남들이 원하는 기업에 떡하니 붙는 그런 시나리오를 상상하고 있었다는 것을. 그렇게 될 것이라고 철석같이 나 자신을 믿고 있었다는 것을.

이 학교, 저 학교에 면접을 보러 다녔다. 정말 진심으로 나는 모든 학교의 면접에 최선의 노력을 다했다. 그러한 노력에 비해 결과는 애매했다. 열한 곳의 학교에 지원하여 다섯 군데의 합격 통보를 받았다. 그때도 그렇고, 지금도 그렇지만 몇 군데의 학교에 합격했다는 숫자 자체는 전혀 중요하지 않다. 그중에는 교대 초등교육과, 법학과, 영미어문학과, 인문학과, 경영학과가 있었다. 끝까지 고민했던 과는 교대와 영미어문학과였다. 여러모로 비교해보고 판단한 뒤 비로소 결심을 하게 되었다. 나를 이리저리 살펴봤고, 부모님의 의견도 들었다. 그렇게 나는 교대생이 되었다.

모든 면에서 나는 무난한 생활을 하는 사람이다. 솔직히 말하자면 남들에게 무난하게 보이는 것을 중요시 여기는 사람이다. 그런 내가 대학교 생활을 무난하게 하는 것처럼 보이기 위해 얼마나 적극적으로, 또 열심히 했을지는 안 봐도 뻔하다. 남들한테 좋은 모습으로 보이고 싶어서 얼마나 노력을 했는지 모른다. 마치 교대 생활이 너무나도 행복하고, 선생님이 되기 위해 태어난 사람처럼 말이다. 그럼에도 나의 대학교 1학년을 떠올리면 아직도 기억나는 모습이 있다. 고등학교 때 가장 친했던, 지금까지도 가장 친하게 지내는 친구에게 전화를 해서 이런저런 하소연을 했던 기억이다. 교대를 그만두고 싶다는 말을 정말 많이 했다. 내 적성이 아닌 것 같다는 말도 많이 했다. 하다못해 아이들이 너무 싫어질 것 같다는 말도 수없이 털어냈다. 나는 교사가 내 적성이 아니라고 생각했다.

일 년을 잘 지내는 척하면서도, 친구에게는 징징거림만 쏟아냈던 내가 2학년 때 처음으로 교생 실습을 나가게 되었다. 11살짜리 4학년 학생들이었다. 결론부터 이야기하자면 정말로 뿌듯하고 즐거운 시간이었다. 일 년 반을 징징거렸던 것이 무안할 정도로 선생님이 되고 싶었다. 이런 아이들을 꼭 교실에서, 학교에서 다시 마주하고 싶었다. 그때부터는 어떻게든 시험에 합격해서 아이들을 만나야겠다는 다짐만 늘었다.

정말 열심히 공부했다. 그렇게 해야만 합격할 수 있다고 믿었다. 내가 휴일까지 반납해가며 열심히 공부하는 것을 보고 그 누군가 보이지 않는 힘으로라도 도와주지 않겠냐고 생각해봤다. 사명감이 생겨서인지 쉴 수가 없었다. 지금 생각하면 재수 없는 소리로 들릴까봐 조심스럽기도 하지만, 공부하는 것이 재미있기까지 했다. 주말도, 방학도, 공휴일도, 명절도 없었다. 대학을 먼 타지로 진학한 덕분에 주말도, 방학도, 공휴일도, 명절도 친구들과 스터디 모임을 하거나, 혼자 복습하는 시간으로 채워 보냈다.

결국은 그렇게 임용시험을 봤다. 정말 보이지 않는 힘의 도움이었는지 모든 운이 맞아 들어간 느낌이었다. 시험장은 내가 졸업한 나의 모교, 내가 사용했던 교실이었고, 문제들은 내가 주의 깊게 봐왔던 내용들이었다. 그렇게 나는 초등학교 선생님이 되었다. 그리고 나는 다시 아이들과 마주하게 되었다.

만나고 헤어지는 게 사람 사는 거란다

첫 출근. 그날의 들뜬 마음은 아직도 잊히지가 않는다. 너무 행복하고 모든 것이 기대가 됐다. 들뜬 마음에 정신없이 한 해를 보내고, 군대를 다녀왔다. 그렇게 아이들 앞에 또 한 번 새롭게 다가갔다. 그리고 갓 신입의 티를 벗었다고 여기는 1급 정교사 연수를 마쳤다. 그리고 지금 이 순간 나는 우리 아이들을 다시 한 번 마주한 채로 글을 쓴다.

나는 지난 나의 걱정과 망설임을 후회한다. 지난날의 투덜거림에 스스로 너무 속상하다. 그렇기에 어떻게든 최선을 다하려고 한다. 그러려고 노력한다는 표현이 더 정확할 것이다. 나는 이제야 진심으로 선생님이 되고 싶은 마음이 들었다. 직업으로서의 선생님이 아닌, 아이들의 '우리 선생님'이 되고 싶다. 그러니 잔말 말고 힘내서 더 노력하자고, 그 방법밖에는 없다고 스스로 또 중얼거리면서 나는 일어선다. 아이들을 만나러 가자.

첫 발령을 받고나서 학교생활에 겨우 적응했던 무렵이 생각난다. 아이들은 내 마음대로 움직여주지 않았고, 수업은 하는 둥 마는 둥 허둥거리는 사이에 흘러갔으며, 학교의 모든 것들이 너무나도 생소해서 하나하나 익히고 적응하는 데 온갖 힘을 쏟아야 했다. 하루 하루가 어마어마한 긴장의 연속이었고 여유를 찾아보기 힘들었다. 그때 힘이 되었던 것은 바로 주변 선생님들의 관심과 도움이었다.

주변 선생님들, 학년의 선생님들은 진심으로 나를 도와주고 챙겨주었다. 하루는 방과 후에 예정에 없던 전 교직원 회의가 갑자기 생겼다. 별 생각 없이 회의 공간으로 올라간 나는 깜짝 놀랐다. 벽에는 '발령 100일을 축하합니다!'라는 문구가 플래카드에 담겨 붙어있었다. 나도 모르고 있던 나의 발령 100일째를 기념하는 파티였다. 파티는 생각보다 규모가 컸다. 떡 케이크가 준비되어 있었고, 과일과 과자도 테이블마다 준비되어 있었다. 케이크를 잘라 축하해주신 선생님들과 나누어 먹었다. 이렇게 따뜻하고 세심한 마음 씀씀이에 감동받아 나는 학교생활에 잘 적응할 수 있게 되었다. 그제야 나는 속으로 생각했다.

'이제 학교생활도 할 만한 것 같네.'

그러나 얼마 지나지 않아서 나는 큰 고민과 당혹감에 빠지게 되었다. 1학기를 마치는 날, 많은 선생님들이 우리 학교를 떠나갔기 때문이다. 지금 우리 교육청에서는 9월에 발령을 정기적으로 내지 않도록 규정이 바뀌어 보기 힘든 모습이다. 첫 발령을 받았던, 불과 몇 년 전까지만 해도 9월에 선생님들이 많이 오고 갔다. 그 당시의 내 기분은 허망함과 속상함이었다. 이제야 조금 적응했는데, 이제야 선생님들과 친해졌는데, 이제야 내가 조금 무언가를 알 것 같은데, 그 모든 것들이 깨져버리는 기분이었다.

송별회라는 이름의 회식을 가지면서 마음속의 아쉬움이 크게 몰려와서는 혼자 울컥했다.

'이렇게 6개월마다 만나고 헤어지는 생활을 어떻게 몇십 년을 해야 할까. 아이들이랑 일 년을 보내고 헤어지는 것만으로도 복잡하고 오묘한데, 선생님들과도 매번 만나고 헤어져야 하는구나.'

나는 누군가와 쌓은 관계가 끝나고, 헤어지는 것 자체를 잘 못 견뎌했던 것 같다. 초등학교 때 학원을 다니고 학습지를 하며 다양한 선생님들을 만났다. 그러한 학원과 학습지 선생님들이 개인적인 사정으로 인하여 바뀌게 되는 그 시기에도 나는 굉장히 슬퍼했다. 일주일에 한 번 만나는 그런 관계마저도 나는 정말 소중히 간직하고 있었던 것 같다. 누군가와 정을 쌓고 또 다시 헤어지는 과정 자체를 버티기 힘들어 했던 것 같다.

송별회에서 느꼈던 헤어짐의 아쉬움과 슬픔은 첫 여름방학이라는 큰 선물로 금세 잊혀졌다. 그리고 겨울이 되어 이제는 내가 선생님들을 떠나가야 하는 입장에 서게 되었다. 군 복무를 위해서 휴직을 하고 떠나야 하는 상황이 된 것이다. 모든 선생님들이 모여 회의 하던 도중에 앞으로 나와 마지막 인사를 전하는 게 어떻겠냐는 권유에 어쩔 수 없이 앞으로 나갔다. 섭섭함과 아쉬움, 그리고 그보다 더 큰 부담감과 민망함이 뒤섞여 무슨 인사말을 어떻게 이야기했는지 기억도 나지 않는다. 회의가 모두 끝난 뒤에 교내 메신저로 다시 잘 다녀오겠다는 인사를 모두에게 보내고 떠났던 기억만 남아있다.

군 복무를 마치고 다시 학교로 돌아왔을 때는 이미 반 이상의 선생님들이 바뀌어 있었다. 내가 알던, 나를 배웅해 주었던 선생님들은 대부분 이 학교에서 다시 만날 수 없었다. 그렇게 또 한 번 새로운 선생님, 새로운 학교의 분위기를 익히는 데 힘써야 했다. 군대를 다녀온 후로는 9월에 인사 발령을 내지 않게 바뀐 덕분에 1년에 한 번 정도만 속상해하면 되었다. 그렇게 벌써 몇 년이 지나서 올해가 되었고, 올 겨울에는 내가 이 학교를 정말로 떠나야만 하는 입장이 되었다.

첫 발령을 받던 해에 1학년으로 입학했던 아이들은 올해 6학년이 되었고, 이번 학기의 마지막 날 나와 함께 이 학교를 졸업한다. 나는 아이들만큼이나 이 학교에 오래 다니면서 굉장히 많은 정이 들었다. 첫 학교이기도 하고, 오래 근무했고, 다사다난했기에 학교를 옮기는 기분이 아직은 상상도 가질 않는다. 선생님들과의 첫 헤어짐에 힘들어하던 나를 보고 한 선생님이 해주신 말을 떠올리며 또 한 번 잘 이겨내 보자고 다짐을 해야겠다.

"다 이렇게 만나고 헤어지는 게 사람 사는 거지 뭐겠어. 교직 생활하다 보면 이 사람들 좋든 싫든 언젠가 어디에선가 다 다시 만나게 되어 있으니까 너무 속상해 하지는 마."

그래. 아쉬운 만큼 다음에 더 반갑게 마주할 수 있을 것이다. 선생님들도, 학생들도, 그리고 언젠가 다시 돌아와 근무하게 될 수도 있는 이 학교까지도. 지금보다 더 돈독한 관계를 만들고, 더욱 서로에게 도움을 줄 수 있는 관계가 될 수 있을 것이다. 꼭 그랬으면 좋겠다. 위에서 조언을 해 주신 선생님이 한마디 덧붙인 말이 있다. 너무나도 뼈저리게 공감이 되는 말이라 조심스럽게 적어보려 한다.

"나랑 성격도 일처리도, 하나도 안 맞는 저 사람이랑 평생 같은 직장에서 매일 마주한다고 생각해봐. 아휴, 나는 그게 더 속상하겠다."

소리를 질러본 적 없던 나에게

나는 살면서 소리를 지르거나 큰 목소리로 대화를 해야 하는 경우가 거의 없었다. 그런 것을 좋아하지도 않았고, 그럴 필요도 없었다. 여러 사람들에게 들리도록 큰 목소리로 이야기하는 것이 너무 부담스러웠고, 그렇게 나에게 이목이 집중되는 것이 싫었다.

평생을 그렇게 살아오다보니 선생님이 되고 나서 목소리를 내는 것 자체가 걱정거리가 되었다. 물론 큰 소리로 모두가 들을 수 있게 수업을 하고, 학교생활을 한다. 때로는 수업할 때보다 더 큰 소리로 아이들에게 무언가를 알리거나 전달해야 하는 순간들이 있다. 문제는 내가 익숙하지 않다는 점이다. 어떻게든 큰 소리로 표현을 하고 있기는 하지만, 소리를 크게 내는 요령이 없어서 목에 상처를 내 가면서 소리를 쥐어짜고 있다.

이러한 문제를 나만 겪고 있는 것은 아닌가보다. 초등학교 교사들이 수업이나 학교생활에 필요한 물품들을 구입할 수 있는 쇼핑몰에 들어 가보면 항상 인기제품 높은 순위에 마이크가 있다. 나도 마이크를 하나 구입했다. 내가 학생으로 학교에 다닐 때, 선생님 몇 분이 마이크를 사용했다. 큰 스피커를 들고 다니며, 무선 마이크를 귀에 차고, 혹은 손에 들고 수업을 했다. 선생님의 위치와 소리가 흘러나오는 위치가 달라 뭔가 어색하고 집중이 잘 안됐던 기억이 있어서 마이크를 고를 때 고민을 많이 했다.

노래방 마이크 크기의 무선 마이크 아래쪽에 스피커가 붙어있는 형태의 일체형 제품을 구매했다. 쉽게 충전하고 언제든 가지고 다니며 사용할 수 있었다. 내 목소리가 입에서 나와서는 바로 앞에 위치한 마이크로 들어가고, 그로부터 15cm정도 앞쪽에 위치한 스피커에서 나와 퍼져 나간다. 나와 똑같은 고민을 통해서 만들어진 제품인지, 소리가 울리거나 붕 떠있는 듯하지도 않았다. 결과적으로 아이들 귀에 같은 크기의 소리가 전달되도록 하기 위해 내가 해야 하는 노력이 줄었다. 평소 목을 긁어가며 질러내던 목소리를 반으로 줄여도 된다는 것, 그것이 가장 만족스러웠다.

이 만족스러운 제품을 꼬박 2년 동안 사용했다. 매일 교실에서, 운동장에서, 체육관에서 사용한 탓에 스위치 부분이 헐거워졌고, 배터리도 처음보다 오래 가지 못했다. 이제 보내주어야 할 때가 되었다고 느꼈다. 마침 3월 새 학기를 맞이하여 우리 학교에 새로운 교장선생님이 부임하셨다. 교장선생님은 내가 학생 시절에 겪었던 불편함을 그대로 말씀하시며 교실에서 마이크 사용을 하지 않기를 강조

하셨다.

　3월 한 달간은 거의 사용하지 않아보려고 했다. 물론 내가 학생 때, 선생님들이 사용하던 마이크와는 형태도 다르고, 성능도 다르지만 아이들한테 안 좋을 수 있다고 하니 대놓고 사용하기엔 뭔가 마음에 걸렸다. 마이크를 사용하지 않는 한 달 동안 솔직히 말하자면 너무 힘들었다. 목은 쉬었고, 회복될 기미가 보이지 않았다. 쌀쌀한 환절기 날씨에 감기 기운이라도 더해지면 도저히 말을 할 수 없게 되는 상황에 이르렀다. 나는 마이크를 다시 충전하기 시작했다.

　전체를 대상으로 이야기할 때 위주로 마이크를 사용하려고 마음먹었다. 마이크 소리를 조금 낮추고 적당히 사용해야겠다고 생각했다. 물론 지금까지도 잘 실천이 되지 않는다. 수업을 하다 보면 마이크 소리가 조금씩 조금씩 더 커지는 상황이 반복되었다. 글을 쓰는 지금도 목이 정상 컨디션은 아니다. 방학동안 다시 원래의 목소리를 되찾았다가도, 개학한 지 2주 만에 다시 망가져가고 있다.

　나뿐만 아니라 많은 선생님들이 여전히 마이크를 사용한다. 되도록 사용하지 않는 편이 좋다는 것을 알면서도 어쩔 수가 없는 상황이다. 우리 도교육청에서 학교생활을 개선하기 위해 전교조와 맺은 협약 사항을 살펴보니 교직원 성대 관련 질환을 예방하기 위한 노력을 다하기로 되어 있었다. 현재 어떤 노력이 이루어지고 있는지는 모르겠지만, 하루 빨리 무언가 대책이 시급한 상황임은 확실하다. 목소리를 되찾고 싶다.

임기응변의 달인이 되었습니다

우리는 직업을 가지고 생활하면서 해당 분야에 맞추어 개인의 여러 능력치가 이리 저리 늘어나거나 줄어드는 경험을 몸소 느끼곤 한다. 나 또한 선생님으로 일을 하면서 개인적인 능력치가 변화했음을 느끼는 경우가 많다.

선생님이라는 직업을 갖고 나서 가장 눈에 띄게 늘어난 것은 체력이다. 친구들은 어린 아이들 가르치는 게 뭐가 그렇게 힘드냐고들 말한다. 초등학교에서 가르치고 배우는 내용 수준이 사실 크게 어렵지 않은 것은 사실이다. 그 과정을 모두 거친 우리 어른들의 입장에서 말이다. 하지만 모든 개념과 원리, 용어 자체까지도 처음 접하는 아이들에게 그것을 설명하고 익숙하게 만드는 것은 참 어렵고 답답할 때가 많다. 이러한 과정을 매일같이 반복하면서, 앉을 시간 없이 계속 서서 돌아다니고, 수업 이외의 업무 때문에 5층짜리 건물을 등산하듯 매일 뛰어다니다보면 체력이 늘 수밖에 없을 것 같다.

체력보다도 더 급격하게 성장한 능력치가 있다. 바로 민첩성, 즉 임기응변의 능력이다. 선생님은 항상 임기응변으로 하루하루를 살아간다. 한 시간 수업단위로 짧게 생각해보아도 그렇다. 학생들과 주고받는 수업 속의 모든 질문과 답변이 임기응변이다. 아이들이 대체로 물어볼만한 질문을 미리 준비하기도 하지만, 대부분의 질문은 허를 찌르는, 예상치도 못한 곳에서 터져 나온다. 한 번은 고체, 액체, 기체 등 물질의 상태에 대해 배우는 시간에 예시 들어보기 활동을 하는 중이었다. 초등학교 3학년에서는 모양과 부피가 변하는지에 따라서만 물질의 상태를 구분한다. 한 아이가 '토마토 주스'에 대해 질문했다.

"토마토는 고체잖아요. 그럼 토마토를 믹서기에 갈면 액체가 되는 거죠? 갈다 중간에 멈추면 액체도 있고 건더기도 있는데, 그건 뭐예요, 선생님?"

사실 책상에 가만히 앉아 여유를 가진 채로 저런 질문을 마주하면 전혀 어렵지 않게 답을 할 수 있다. 하지만 누군가의 입에서 등장한 당황스러운 질문, 그리고 그 질문에 흥미를 느낀 듯 어떤 답변이 나오게 될지 선생님의 입만 바라보고 있는 30명의 눈빛을 마주하고서는 쉽게 답이 떠오르지 않는다.

"어, 그러네…. 선생님이 생각해보고 조금 있다가 이야기하자" 하며 생각할 시간을 버는 수밖에 없었다.

한 주를 보내면서도 계획과는 다른 일들 투성이다. 한 달도, 한 학기도, 크게는 한 해 역시 계획대로 되지 않는 임기응변의 연속이다.

이러한 뜬금없는 수많은 상황들을 겪으면서도 예상과는 다르다는 이유로 포기하거나 슬그머니 없애버릴 수 없으니, 그것이 성장하게 되는 원동력이 아닐까 싶다.

수업 준비를 매번 꼼꼼하게 할 수는 없더라도 대략적인 계획을 해두는 편이다. 난이도와 아이들의 흥미나 발달단계 등을 고려하여 특정 차시의 내용은 조금 더 신경 써서 자세히 계획을 하는 경우도 있다. 계획을 제대로 하다 보면 나의 질문에 대한 아이들의 예상 반응까지도 여러 갈래로 생각해보는 경우가 있다. 모두 내 머릿속에서 아이들을 나름대로 그려보았을 때의 반응이다. 아니나 다를까 현실은 정말 다르다. 예상치 못한 대답이 이어지기도 하고, 계획에도 없던 말을 내가 하게 되는 경우도 있다. 그리고 무엇보다 내 상상 수업 속에서는 수업 분위기에 반하는 행동이나 말을 하는 아이들이 이렇게 많지 않았다는 것이 가장 큰 오류일지도 모르겠다.

이러한 상황에서도 어떻게든 한 시간 수업을 끝낸다. 다음 시간 다음 과목으로 넘어가면 또 다시 같은 상황의 연속이다. 그나마 희망적인 것은 아이들의 엉뚱하고도 허를 찌르는 질문에 더는 말문이 막혀 당황하지 않을 수 있게 되었다는 점이다. 또한 아이들의 행동을 어떻게든 바로잡을 수 있는 정도의 유연성을 가지게 된 것 또한 다행이다. 아이들의 엉뚱한 질문을 받아 간단하게 답을 해주면서 관련된 여러 생각의 잔가지를 뻗어본다. 엉뚱한 질문과 수업 내용에 조금이라도 연관성이 있다면 유연하게 관련지어 다시 수업 상황으로 돌아올 수 있게 된 것이다. 임기응변 능력이 성장하면서 내심 혼자서 뿌듯한 경우도 많다.

학교의 일정 또한 시시각각 상황에 따라 변화한다. 갑자기 행사나 강의가 생기기도 하고, 예정된 행사가 급작스레 미뤄지거나 사라지기도 한다. 사실 학교에서는 연간, 학기당 이수해야 하는 시간 수가 정해져있기에 매번 달라질 때마다 계산을 새로 해야 한다. 과목별로 공부해야 하는 시간 또한 정해져 있는 관계로 매번 계산하기가 정말 골치 아프다. 처음에는 어떻게 빈 수업시간을 대체해야 하고, 나중으로 미루어야 하는지 생각하다가 머리에 과부하가 온 적이 있다. 아무 생각도 할 수가 없었고, 그냥 가만히 여유를 되찾을 때까지 기다리는 수밖에 없었다.

이런 상황 또한 임기응변의 능력이 생겨나면서 잘 대처할 수 있게 된 것 같다. 여러 해에 걸친 경험을 통해 이런 당황스러운 상황들을 미리 알았기에 계획을 세우는 단계에서부터 유연하게 운영할 수 있도록 약간의 여지를 남겨두기도 한다. 사실 이번에도 고학년 운동회가 태풍으로 한 주 뒤로 연기되었다. 덕분에 6교시 수업이 갑자기 4교시로 바뀌어야 했다. 덕분에 내가 공식적인 일로 부득이하게 공가를 쓰고 다녀와야 했던 일정이 취소될 수밖에 없었다. 그럼에도 이제는 당황하지 않는다. 그러려니 하면서 다음 일정들을 이리 옮기고 저리 옮겨가며 조정하는 모습을 스스로 깨닫고는 한다.

이렇듯 학교는 그러려니 하며 대응하는 상황들의 연속이다. 당황하지 않는 것, 그것이 어찌 보면 선생님이 가져야 할 가장 큰 덕목이 아닐까 싶다. 당황하지 않는 것에서부터 여유가 생기고, 그 여유에서 아이들을 대하는 너그러운 태도가 나올 것이며, 그러한 태도를 통해 아이들은 즐겁게 생활하고 부담감 없이 공부를 할 수 있다. 지금보다 더 당황하지 않는 생활을 하는 것이 목표다.

"선생님! 복도에 뱀이 있어요!"
"엥? 정말? 학교에 뱀이 있다고? 가 보자."
헐레벌떡 아이와 뛰어가서는 뱀처럼 복도를 이리저리 기어 다니는 우리 반 아이들을 만나 오늘도 한바탕 웃으며 들어온다.

응? 뭐라고? 안 들려

나는 씻을 때나 깜빡하는 경우를 제외하고는 항상 애플워치를 차고 생활한다. 처음 애플워치를 착용하기 시작한 때는 2016년 12월이었다. 군대를 전역하고 큰마음을 먹고서 애플워치를 구매했다. 나에게 주는 선물이라 생각하며 구매했던 기억이 난다. 그리고 이번 봄에 새로 나온 애플워치를 추가로 구매하여 사용 중이다. 낮 시간 동안에는 새로 구매한 애플워치를 착용하고, 집에 와서는 자는 시간을 포함하여 이전에 사용하던 애플워치를 착용한다. 애플워치를 차고 있는 모습을 본 사람들은 항상 애플워치를 사용해서 좋은 점을 물어보곤 한다. 그럴 때마다 나는 딱히 좋은 점을 말해주지 못한다. 사실 정말 좋아서 사용한다기보다는 이제 없으면 불편해졌기에 사용하는 중이기 때문이다.

거의 24시간 가까이 착용하는 애플워치가 이번에 새로이 업데이트 되었다. 여러 가지 추가된 기능과 발전된 성능을 보여주었지만, 내 눈에 가장 먼저 들어온 기능은 따로 있었다. 바로 청각 건강에 관련된 기능이다. 휴대폰이나 여러 다른 기기들과는 다르게 시계는 항상 내 몸에 붙어 있다. 내가 어디에 가고, 어떠한 상황 속에 있던지 항상 함께 한다. 그러면서 소음을 끊임없이 측정하고 분석한다. 그렇게 받아들여진 소음 정보를 가지고 내가 관리할 수 있도록 여러 알림과 정보를 띄워준다. 이 기능을 활성화시키고 난 뒤에 나는 큰 충격을 받고 말았다.

결론부터 말하자면 나는 심각한 청각 손실을 일으킬 수 있을 만큼 큰 소음에 평균보다 긴 시간 노출되어 있는 사람이었다. 세계보건기구에서 권고하는 내용과 비교하여 경고 알림이 뜬다. 내가 매일 마주하는 소리들은 세계보건기구가 권고하기에 일주일에 4시간 이상 들었을 때 일시적, 혹은 영구적인 청각 손실이 우려되는 수준의 소리였다. 그 소리는 종종 도로에서 마주했을 때 눈살을 찌푸리게 할 만큼 큰 소리를 뿜어내며 달리는 오토바이 소리보다도 큰 소리였다.

친절하게도 휴대폰에서는 여러 그래프를 포함하여 더욱 자세한 정보를 확인할 수 있었다. 나의 귀는 보통 아침 8시 30분부터 오후 3시경까지 100데시벨을 넘나드는 소리를 지속적으로 들어왔다. 3시 이후부터는 소리 수치가 반으로 줄어든다. 이 그래프를 보면서 소리의 원인을 생각해봤다. 아무래도 아이들과 생활하는 시간에 청각 건강을 위협하는 수치가 높아진다는 생각이 들 수밖에 없었다.

수업 시간의 일부분을 할애하여 아이들이랑 함께 그래프를 살펴보

앞다. 이제 갓 막대그래프를 배우는 아이들이기에 더욱 관심을 가지고 보는 것 같았다. 그래프를 보면서 배운 내용 그대로 분석을 시작했다. 제목을 보며 무엇에 관련된 그래프인지 알아보았다. 가로 세로의 이름을 보면서 무엇을 의미하는지 알아보았다. 각 그래프가 어디까지 올라갔는지를 보면서 어떤 의미를 지니는지 알아보았다. 그리고 보통의 그래프 해석과는 다르게 내가 한마디 덧붙였다.

"선생님이 차고 있는 시계에서 우리 반 소리의 크기를 자동으로 재고 있었어요. 선생님은 여러분이 앉아 있는 자리에서 아무리 못해도 2~3미터 정도 떨어져 있어요. 그런데 선생님한테 알림이 떴어요. 지금만큼 큰 소리가 계속되면 사람의 귀에 상처를 줄 수 있대요. 여러분은 여러분끼리 모여 앉아있는데, 아무래도 선생님보다 더 큰 소리를 듣고 있을 것 같지요?"

그러니까 조용히 하자거나 소곤소곤 이야기를 하자거나 하는 등의 말을 덧붙이지는 않았다. 아이들이 조금은 당황하는 표정을 보였다. 직접 소리를 낮추어가자는 말을 하지는 않았지만, 본인들 스스로 무언가를 깨달았다고 느낄 수 있었다.

운동을 하고, 달리기를 하고, 심박수를 재왔다. 그게 건강인 줄 알았다. 시력을 정기적으로 재고, 건강검진을 받으면서도 청각 건강에 대한 검진은 너무나도 단순했다. 그저 오른쪽, 왼쪽 헤드폰에서 나오는 소리에 맞추어 손을 들고 내리는 것이 전부였다. 이번 우연한 기회에 청각 건강에 대한 경각심을 가지게 되었다. 내 청각의 안전뿐아니라 모두의 청각 안전을 위해 조금씩 인식을 바꾸어나가야 할 필요성을 느꼈다.

안 그래도 요즘 "응?" "뭐라고?"라며 되묻는 경우가 많아진 것 같은 느낌이 든다. 흠. 기분 탓이겠지?

으쓱카드와 머쓱카드

여러 명의 학생을 동시에 지도해야 하고, 효율적인 시스템을 형성하기 위해서 많은 선생님들이 상벌제 시스템을 운영하고 있다. 이는 학교뿐 아니라 각 가정에서도 다양한 형태로 이루어지고 있는 방법일 것이다. 아이들이 규칙과 약속을 이해하고 지키려고 노력하게 된다는 점에서 효과가 있다고 보는 사람들도 있지만, 상과 벌로 행동을 조정하려는 권위적인 시스템이라고 비판하는 사람들도 있다.

나이가 어릴수록 상벌제를 운영하면서 얻게 되는 교육적 효과가 크다고 생각한다. 크지 않은 상벌점 시스템만 가지고도 아이들은 적극적으로 그 안에 빠져든다. 어른인 우리의 생각에는 별거 아닌 상과 별거 아닌 벌처럼 보이지만 아이들에게는 모든 것을 걸고 지켜낼 만큼 소중한 법으로 여겨지는 것 같다. 그러나 이것도 잠시, 어느덧 아이들이 익숙해져서 규칙을 잘 지켜가며 분위기가 형성되고 이른 바 '잘 굴러가는' 반이 되었다고 생각할 때쯤 항상 문제는 생겨난다. 몇몇 아이들은 이제 그런 상벌제에 너무 익숙해진 나머지 만만하게 생각을 한다. 잘해도 별거 없고, 못해도 별거 없다는 것을 알게 되는 것이다. 애써 쌓아온 시스템과 분위기를 모두 망가뜨릴 것 같은 걱정에 선생님은 깊은 고민에 빠진다.

권위적인 규칙을 없애고, 교사와 학생간의 위계를 형성할 수 있는 상벌 시스템을 사용하지 말아야 한다는 연수를 들은 적이 있다. 한두 번이 아니라 요즘의 연수에서는 매번 그런 이야기를 듣곤 한다. 몇 년 전부터 권위적이고 일방적으로 제시하는 규칙은 없앴다. 아이들과 처음 한 달을 규칙 없이 지내보며 스스로 불편한 점을 깨닫고 꼭 있어야 할 규칙을 생각해내도록 한다. 규칙이라기보다는 함께 합의한 약속에 가깝다. 그러한 약속도 행동에 대한 대가를 치른다는 생각이 들지 않도록 했다. 떠들었기 때문에 청소를 하고, 싸웠기 때문에 반성문을 쓰고, 숙제를 하지 않았기 때문에 일일 도우미가 된다는 식의 대가 치르기, 즉 징벌적인 규칙을 없앴다.

함께 정한 약속을 지키기로 합의했음에도 불구하고 상벌제는 아직 교실에서 완전히 없애지 못했다. 교육 서비스 업체(클래스123)에서 운영하는 프로그램을 사용한다. 주로 알림장이나 게시판을 통해 학생, 학부모들과 학교의 일상을 공유하고 정보를 전달하는 그런 시스템인데, 수업 시간에 활용할 수 있는 상벌 시스템이 포함되어 있다. 약속을 잘 지키고 긍정적인 방향으로 행동할 때 '으쓱카드'를 준다. 약속을 지키지 않거나 부정적인 영향을 끼치는 행동을 할 때는 '머쓱카드'를 준다. 카드를 주는 그 순간 학생과 학부모의 휴대폰에 깔린 해당 앱을 통해 알림이 간다.

방금 1교시 수업을 하면서 지속적으로 수업에 방해되는 이야기를 큰소리로 하는 학생이 있어서 잠시 수업을 멈추고 이야기를 나누었다. 그 아이와 이야기를 나누면서 듣게 된 소리는 나를 조금 멍하게 만들었다.

"이제 안 그럴게요. 머쓱카드는 안주시면 안돼요? 엄마한테 집에 가면 더 혼난단 말이에요."

나는 우리 교실에서 일어나는 일을 우리 교실에서 충분히 해결하고 수정하여 더 좋은 분위기를 만들고, 학습이 잘 이루어지기 위해 으쓱카드와 머쓱카드를 주었다. 학부모에게 알림이 가는 것은 알고 있었지만, 그저 안내하는 정도라고 생각했다. 학교에서의 최대한 많은 것을 공유하고 개방해야지만 소통이 이루어지고, 협력이 이루어지고, 보다 더 나은 교육 효과를 낼 수 있다고 생각했기 때문이다. 어찌 보면 내가 지금까지 머쓱카드를 주면서 책임을 전가했다고도 볼 수 있을 것 같다. 아이들은 머쓱카드를 받으면서 집에 가서 부모님께 크게 혼날 것을 두려워하고 있었을 것이다.

수많은 연수에서 했던 말들이 다 맞는 말이긴 하다. 학급 운영을 잘 하는 것으로 전국적인 유명세를 타는 여러 선생님들의 교실에서는 상벌제를 찾아보기 힘들다. 어떻게 하면 그렇게 스스로 약속을 잘 지키고, 매일 매일 행복하게 운영되는지, 그 처음 출발점을 무엇으로 시작해야 하는지조차 아직은 감이 오지 않는다.

교사가 이러면서 배우고, 발전하고 성장한다고는 하지만 반복되는 이런 부딪힘과 곤란함 때문에 가끔 무기력함이 느껴지기도 한다. 교사도 사람이라 이러한 과정을 통해 성장하고 완성되어 간다고는 하지만, 조금 더 완성된 상태로 교직생활을 출발했더라면 아이들도 나도 더 행복하고 만족스러운 시간을 가졌을 텐데, 하는 아쉬움이 드는 것은 어쩔 수 없는 일이다. 아이들에게도 나에게도 조금은 미안해지는 날이다.

아프고 싶어도 아플 수 없는

나도 사람인지라 몸이 종종 아플 때가 있다. 평소 기관지가 좋지 않아서 감기나 기침을 달고 사는 편이다. 그러다보니 쉽게 컨디션이 안 좋아지고 피곤함을 느끼게 된다. 거기에 아이들과의 이런저런 일이 겹치게 될 때면 정말 한 시간 두 시간 버티는 것이 힘들 정도다.

정말 심하게 아프지 않는 이상 학교에 가야 한다. 지금까지 독감에 걸렸을 때 빼고는 모두 학교에 출근을 했다. 독감에 걸렸을 때는 사실 아프진 않았는데, 법이 정하는 바에 따라 학교에 가지 못했다. 독감에 걸렸을 때보다 더욱 몸이 아프고 녹아내리는 것 같은 통증이 있었을 때는 약을 먹고 출근을 했다.

어쨌든 학교에 가서 나에게 주어진 수업을 해내야 하는 상황이기에 학교에 가면 딱히 아픈 티를 내지 않는다. 표정으로, 식은땀으로, 목소리에서 힘듦이 느껴질 수도 있겠지만 되도록이면 아무렇지 않은 척을 하려고 한다. 그게 가능하다는 것이 참으로 신기할 때가 많다. 어느 날은 목소리가 정말 나오지 않았다. 목을 최대한 사용하지 않고 따뜻한 물을 마시며 휴식을 취하는 것이 가장 좋은 방법이겠지만, 그럴 수는 없었다. 학교에 가서 아이들한테 양해를 구했다. 그리고 글씨를 써가며, TV 화면에 타자를 쳐가며 수업을 하고 있었는데, 역시나 말을 해야 하는 순간은 곧 찾아온다. 집에서 그리고 출근길에는 목소리가 두 갈래 아니 세 갈래로 갈라지는 현상을 보였었는데, 수업을 해야 하니 목소리가 돌아왔다. 물론 알고 있었다. 언젠가 목감기가 다 나았을 그때의 컨디션을 오늘의 내가 미리 당겨 쓴 것이라는 것을. 그만큼 내 회복은 늦어질 것이라는 것을.

컨디션이 최악인 상태에서 당연히 감기가 찾아왔고, 여러 일이 겹쳐 힘든 시기다. 나도 몰랐던 다른 학년의 행사를 알게 되어 준비를 해 주어야 했고, 3일에 걸쳐서 아이들과 생존수영 수업을 다녀오고 있다. 일주일 내내 아침 일찍 출근해서 캠페인 활동을 촬영해야 했고, 1층부터 5층 사이를 매일 뛰어다녀야 했다. 내일과 모레, 주말에는 학교에 어김없이 나가서 영상을 모두 편집해야 하며, 월요일에 아침 방송으로 내보내야 한다. 그리고 다음 주는 학부모 상담주간이 예정되어 있다. 그러는 와중에 민방위 화재대피 훈련이 예정되어 있다고 하니 그 방송까지도 준비하고 실시해야 한다. 이런 일들 사이사이에 끼어있는 아이들의 다툼과 상담과 고민거리 나눔은 보너스다.

이 바쁜 상황에서 내가 아플 틈이 없다는 생각이 든다. 사실 머릿속으로는 '에라 모르겠다'며 맘 편히 한 일주일 병가를 내고 푹 쉬면서 회복하고 싶다는 생각을 백 번도 넘게 했다. 꿈같은 이야기다. 결국은 누군가 나 대신 저 모든 일을 해야 한다. 누가 나 대신 저 일을 하게 될지마저 뻔히 알고 있는 상황에서 그런 선택을 하기란 불가능에 가깝다. 그저 주말을 아무 일도 하지 않고 보내면서 자연스레 컨디션과 몸 상태가 정상으로 돌아오기만을 기다리는 중이다. 내 몸 상태를 망가뜨려놓은 힘든 상황을 해결하기 위해서 컨디션의 회복을 기다린다는 것이 참 아이러니다.

'답은 정해져 있고, 나는 그대로 선택만 하면 된다'는 마음으로 이 글을 쓴다. 조금 더 나은 컨디션으로 아이들을 마주해야 하는 나는 선생님이니까.

"선생님 몸 안 좋으신가봐. 얘들아, 우리가 더 조용히 하자"라는 몇몇 아이들의 말이 그 어떤 약보다 더 효과 있는 나는 선생님이니까.

차갑게 식은 커피

오늘은 아침 일찍 출근을 해야 했다. 1교시에 저학년 운동회 연습이 있다고 한다. 내가 저학년 담임이기 때문에 일찍 가야 하는 것은 아니었다. 운동회 연습을 진행하기 위한 방송 장비를 운동장에서 사용할 수 있도록 연결해야 했기에 일찍 출근을 했다. 천천히 평소처럼 출근해서 준비를 해도 무난히 처리할 수 있었을 테지만, 돌발 상황이 생기는 것을 원치 않았다.

출근하는 길에 카페에 들러 뜨거운 커피를 한 잔 주문했다. 나는 평소보다 더 뜨겁게 달라고 요청했다. 펄펄 끓는 듯한 커피를 들고 교실에 올라가 가방을 두고 방송 준비를 시작했다. 요즘 많은 스트레스로 기억력이 나빠진 건지 자꾸 이곳저곳을 왔다 갔다 해야 했다. 출근 30분도 안되어 온몸이 땀으로 젖었다.

그러는 와중에도 우리 3학년 아이들은 선생님을 굉장히 반가워

한다. 운동장과 방송실 등 여러 곳을 이리저리 돌아다니는 나를 발견하고는 뛰어온다. 잠시 후에 9시가 되면 다 같이 운동장에 나와서 운동회 연습을 할 것이라 이야기하고 교실에서 조금만 기다려달라고 했다. 준비를 마치고 나는 교실로 올라가서 아이들에게 내려가자고 말했다.

내려가는 길에 같은 학년 선생님을 만났다. 이런저런 이야기를 하며 내려가다가 계단 청소가 필요하겠다는 이야기를 나누었다. 아차, 싶었다. 우리가 내려가는 그쪽 계단을 2학기에는 우리 반이 담당하기로 했었다. 몇 차례 아이들과 청소를 하기는 했지만, 2~3주간 너무 정신이 없고 힘든 나머지 까맣게 잊고 있었다.

그 상태로 운동장에 가서 정해진 우리 반 자리에 앉았다. 아이들은 밖에 나간다는 이유 하나만으로도 즐거워하고 들떠한다. 더군다나 1~3학년 아이들이 모여 있다 보니 선생님들의 말은 거의 전달이 되지를 않는다. 아이들을 모두 앉도록 하고는 운동장을 바라보며 가만히 있었다. 출근 한 시간 만에 집에 가고 싶어졌다. 자꾸 누가 부르는 것 같은 소리에 뒤를 돌아보니 조회대에서 나를 부르고 있었다. 마이크가 안 나온다는 것이다. 다급하게 방송실로 뛰어가 보니 방송장비가 꺼져있었다. 바로 사용할 수 있도록 전원을 켠 채로 설정을 맞추어 두었는데, 아마 방송부 아이가 아침에 켜진 것을 보고 끈 모양이다. '그럴 수 있어'라고 생각하며 다시 켜고 운동장으로 나갔다.

줄 서기 연습을 했다. 운동회 연습을 안 하는 것이 추세이고, 우리 학교도 사실 운동회를 이벤트 업체에 위탁하여 진행을 하는 터라 연습이 필요 없었다. 그렇지만 아직 저학년 아이들이라 줄을 서거나, 선서를 하거나, 교가를 부르는 연습은 필요했다. 줄 서는 데도 10분이 넘게 걸렸다. 나는 조금씩 지쳐갔다. 이미 지쳐있었는데 더 지쳐갔다. 아무튼 줄을 서서 선서를 하고 준비운동 연습을 하고는 계주 연습을 한다고 했다. 계주 연습을 하려면 출발시키는 사람, 도착한 아이를 순서에 맞추어 앉도록 안내하는 사람, 다음 주자를 대기시키는 사람의 역할이 필요하다. 어느새 운동장을 보니 나를 포함한 몇몇 선생님들뿐이었다. 나도 우리 학급이 있고, 우리 아이들이 자리를 이동하거나 장난을 치지 않도록 지켜보고 지도해야 한다고 생각했지만 계주 연습을 도와주게 되었다. 거기 계신 경력 많으신 옆 반 선생님들께서 잘 해주실 것이라 생각하기로 했다.

교실로 들어오니 바로 2교시 시작 종이 쳤다. 미술이었고, 먹물을 사용해야 했다. 역시 눈치가 빠른 아이들은 준비물로 챙겨 오라고 한 신문지를 책상에 펼쳐두고 있었다. 처음 먹물을 사용해보는 아이들이라 먹물부터, 붓, 화선지, 벼루 등 설명하고 살펴보아야 하는 것들이 많았다. 살펴본 뒤에 두께를 조절하여 선 그리기, 그림 따라 그리기, 자유롭게 그림 그리기를 했다. 중간 쉬는 시간도 없이 했다. 그리고 점심을 먹으러 갈 시간이 되었다. 우리 학교는 저학년이 3교시를 마치고 점심을 먹는다. 그 와중에도 1~3학년 중 최고 학년이라 3학년 아이들이 '생활도우미'라는 활동을 해야 한다. 이번 주는 우리 반 학생들이 노란 조끼를 입고 복도에서 안전지도나 생활안내를 해야 했다. 생활도우미를 하는 반은 보통 다른 반보다 밥을 일찍 먹어야 한다. 다른 반보다 밥을 먹으러 일찍 가야 하는데, 먹물을 정리하다 보니 상황이 너무 어려워졌다.

우여곡절 끝에 점심을 먹었다. 식탁을 닦아주고, 자리를 알려주고, 급식 지도를 했다. 교실에 가니 아까 정리하다 만 서예 붓들이 모여 있었다. 우리 반은 교실 안에 화장실이 있다. 평소 미술 할 때는 편리하지만, 먹물을 사용할 때는 뒷정리의 어려움이 클 것 같았다. 그래서 아이들에게 먹물 사용한 붓을 정해진 통에만 넣어두라고 했다. 점심을 먹고 흐르는 물에 붓을 하나씩 씻기 시작했다. 화장실이 더러워지지 않도록 내가 직접 하기로 했다. 한 일곱 개쯤 닦았을까. 교실 전화가 울리고 교사연구실에 회의가 있으니 얼른 오라고 했다.

회의는 다음 주 화요일에 있을 운동회와 수요일에 있을 민속촌 현장체험학습에 대한 것이었다. 회의를 하다 보니 수업 시작종이 쳤다. 수학 시간이었다. 수학 수업을 했다. 마지막 교시는 다음 주의 행사에 대해 설명해주고 질문을 받기로 했다. 질문이 많아서 어느새 수업이 끝났다. 교실 프린터가 며칠 전에 망가져서 연구실의 프린터에 컴퓨터를 연결해 두었다. 아이들에게 나누어 줄 주간 학습 안내를 인쇄해 놓았는데, 가보니 용지 부족으로 7장만 인쇄가 되어 있었다. 부랴부랴 복사를 해서 아이들에게 나누어주었다. 그리고 "주말 잘 보내세요"라는 말과 함께 아이들을 집으로 보냈다.

나는 빗자루를 들고 오전에 다른 선생님에게서 이야기가 나온 계단으로 향했다. 3층부터 지하 1층까지 계단을 청소했다. 처음에는 그냥 내가 후딱 해버리자 라는 생각이었는데, 하다 보니 손목이 너무

아팠다. 그래도 먼지가 한 무더기 치워지는 것을 보니 뿌듯하기도 했다. 그때의 시간이 3시였다. 얼른 교실로 올라가서 나머지 붓을 씻기 시작했다. 다 씻고 정리를 하니 3시 30분이었다. 4시에는 학부모 방문 상담이 예정되어 있다.

교실 정리를 조금 하고 4시가 되어 학부모 상담을 시작했다. 그리고 4시 40분에 있는 상담까지 마무리했다. 얼른 퇴근하고 좀 쉬어야겠다 싶어서 책상을 정리하는데, 아침에 산 커피가 있었다. 오늘 아침에 방송 장비를 준비해야 하니까 일부러 더 뜨겁게 시킨 건데, 방송 준비 후에 들어와서 따뜻하게 먹어야지 하면서 시킨 커피인데, 얼마나 정신이 없었던 건지 퇴근길에도 커피가 거의 그대로 남아있었다. 차갑게 식은 커피였다.

누구에게나 도움을 줄 수 있다는 것

선생님이라는 직업의 기본 덕목이 '도움을 주는 것'이라고 할 정도로 선생님들은 많은 것을 도우며 살아가야 한다. 아이들이 스스로 문제를 해결할 수 있도록 틈틈이 도움을 제공해야 하고, 아이들이 바르게 성장할 수 있도록 도움을 주어야 한다. 그런 도움은 직업을 갖게된 후부터, 아니 직업을 갖기로 결정한 그때부터 이해하고 있었던 부분이다. 오늘은 학교 내에서 아이들과는 조금 거리가 있는 다른 도움들에 대해 적어보려고 한다.

한때 나는 '내가 누군가한테 도움이나 줄 수 있는 사람일까?' 하는 생각에 빠져 우울하게 지냈던 적이 있다. 내가 아무런 영향력도 없고 누군가에게 자그마한 도움조차 줄 수 없는 그런 사람 같다는 생각이 무지막지하게 들곤 했기 때문이다. 심지어는 누군가가 나한테 무언가를 해주어 고맙다는 인사를 전할 때에도 진심으로 받아들이지 못했다. 그저 하는 소리겠거니 하며 나 자신을 갉아먹었다. 정말 나는 아무 데도 도움을 주지 못했던 사람일까.

방송교육이라는 업무를 하게 된 이유도 학교에 도움을 좀 주고 싶어서였다. 더 정확히 이야기하자면 공개적으로 도움을 주고, 그것에 대한 수고를 인정받고 싶었던 것이다. 그래서 새벽같이 출근해서 일을 준비해두고, 늦게까지 남아 다음날에 필요한 일들을 준비해도 버틸 수 있었던 것 같다. 바쁘게 하루하루를 지내면서도 뿌듯했다. 주변의 여러 선생님들은 너무 힘들어 보인다며 본인들이 관리자를 찾아가거나, 부장회의에서 대신 업무를 나누어 할 사람을 더 뽑아달라고 이야기해주겠다며 걱정을 해 주었다. 내가 거절했다. 내가 원해서 맡게 된 업무이고, 충분히 할 수 있었다.

시간이 지나면서 나아지는 것은 익숙함뿐이었다. 그래도 익숙함 덕분에 처음 해보는 업무지만 큰 실수 없이 꼼꼼히 진행할 수 있었다. 여러 업무를 맡은 선생님들은 여전히 많이 도움을 청하신다. 교사들이 맡는 업무가 대부분 학생들과 관련이 있다 보니 학생들의 무슨 무슨 교육과 이런 저런 행사를 위해 방송업무에 협조를 구하는 것이 당연하다. 나도 별 힘든 생각 없이 잘 해내고 있긴 하지만, 요즘은 작은 의문들이 들고 있다. 아무리 봐도 나의 업무와는 별 관계가 없는데도 부탁을 받고, 도움을 주고 있다는 느낌이 들기 때문이다.

다른 선생님들은 그런 업무까지 할 필요는 없다고 한다. 내가 맡은 업무의 특성상 관련이 있어 보일 뿐, 사실은 그들의 업무라는 것이다. 그 말은 한 해를 마치고 내가 한 해 동안 이루어낸 업무상의 실적이나 결과물을 종합하여 평가하는 경우에 내가 해낸 성과로는 전혀 쓸 수가 없다는 것이다. 담당자가 아니기 때문에. 이런 말을 들을 때마다 고민에 빠진다. 솔직히 긴가 민가 싶기도 하고, 당장이라도 바로 잡아야겠다는 생각이 들 때도 있다.

그래서 생각을 해 봤다. 나는 올해 초에 업무를 지망하면서 충분히 고민을 해보고, 이러한 도움까지 감당한 채로 시작을 했다. 나는 올해를 마지막으로 학교를 옮기게 되고, 학교가 없어지지 않는 이상 이 업무는 꾸준히 이어질 것이다. 누군가는 이 업무를 맡고 지금처럼 수많은 전화와 메시지를 통해 부탁을 받게 될 것이다. 올해 말에 있을 업무 평가 및 건의 시간에 꼭 이야기를 하려고 한다. 업무를 함께 나누어 줄 선생님을 한 명 더 뽑아달라고 할 생각이다. 교직원이 60~70명에 달하는 큰 학교에서 사실 불합리적이긴 했다. 말하지 않으면 아무도 모르는 채로 쭉 이어질 것이다. 원래 그렇게 해왔다는 말과 함께.

도움을 주면 남들도 좋겠지만, 사실은 나 자신이 좋은 때가 더 많다. 아무도 청소하지 않는 복도나 중앙 계단을 방과 후에 혼자 슬그머니 치워둔다거나, 몇 달째 방치되어 있는 지난 단원의 준비물을 가져다 둔다거나, 학년에서 사용하는 자료들을 미리 만들어 둔다거나 하는 일들은 남들에게도 좋지만 나한테도 좋은 일들이다. 나는 앞으로도 나를 위해서 조금 더 남을 도와줄 생각이다. 언젠간 나도 큰 도움을 받으며 고마워할 날이 올 테니 말이다.

언제나 내 편인 사람들

언제 어디서나 든든한 내 편이 있다는 것은 좋은 일이다. 일을 할때도 좋고, 삶을 살아가면서도 큰 힘이 되고 위로가 된다. 내 편으로 인해서 힘을 얻고 뿌듯하게 생활하는 날이 있는 반면, 세상에 내 편이 하나도 없는 것 같은 아픈 마음을 갖게 되는 날도 있기 마련이다. 힘이 되어주는 그런 존재, 내 편에 대해 이야기를 해보고 싶다.

보통 가장 큰 내 편, 언제나 변치 않는 내 편이라 하면 대부분 가족을 꼽을 것이다. 하지만 나는 가족들에게 학교에서 생활하면서 있었던 힘든 일들을 단 한 번도 이야기한 적이 없다. 첫 발령을 받았던 그해를 빼고는 말이다. 굳이 집까지 학교의, 직장생활의 힘듦을 끌고 오는 것이 우선 싫었다. 그 이야기를 하면서 또 다시 싫은 일과 싫은 사람을 떠올려야 하는 것이 고통스러웠다. 하지만 가장 큰 이유는 가족들과 내가 생활하는 직장 환경이 서로 너무 다르다는 점이었다. 학교에서 이런저런 점이 힘들다고 말할 때면 이런 말들을 듣고는 했다.

"원래 직장생활이 그렇지 뭐."

"그래도 학교가 다른 직장들보다는 편하지 않을까?"

"그런데 그건 뭐야? 학교에선 그렇게 해?"

그러다보니 학교에서 생겨난 힘든 감정들은 주로 집 밖에서 해소하곤 했다. 친구들, 동료 선생님들, 하다못해 교감선생님과 교장선생님에게 투덜거리고, 이야기하고, 호소하면서 해소를 해보려고 노력했다. 학교를 그만두고 싶다는 생각을 했을 때, 학교에서의 힘듦이 학교 바깥의 생활까지 이어져서 제대로 생활하기가 힘든 상태인 것 같다는 생각이 들었던 그때도 그랬다. 스스로 굳게 지키는 감정의 틈새로, 차마 숨길 수 없었던 한숨과 한풀 꺾인 목소리만 새어나왔을 것이다. 문득 지금 생각을 해보니 어쩌면 가족들은 모든 걸 다 알면서도 내가 부담스러워할까 봐 아무 내색을 못했는지도 모르겠다.

또 다른 내 편은 친구들이다. 지난 주말에 오랜만에 친구 두 명과 술을 한 잔 했다. 이런 저런 이야기를 하다가 사실은 내가 여름이 오기 전에 엄청나게 힘든 시간을 겪었다고 털어놓았다. 평소에 장난도 많이 치고 서로 웃으며 놀리기 좋아하는 친한 사이라 이번에도 대충 넘어갈 거라 생각했다. 표현은 그렇더라도 마음만은 그렇지 않다는 것을 서로 다 알고 있기 때문이다. 그런데 반응이 내 생각과 너무 달랐다. 친구는 "근데 왜 전화 안했어?"라며 속상해했다. 힘들 때는 전화 좀 하라며, 자기는 힘들면 아침이고 저녁이고 전화하지 않냐며 오히려 소리를 높이는 것이었다. 진심으로 걱정하고 위해주는 내 편이라는 생각이 확 다가왔다.

학교에 근무하는 친한 선생님들 또한 내 편이라 할 수 있을 것 같다. 항상 모여서 대화를 나누고, 맛난 것을 함께 즐기고, 별거 아닌 일에도 본인들의 일처럼 집중하여 고민하고, 진심으로 조언하며 이야기해주는 분들이 계신다. 장황한 설명 없이도 키워드만으로 서로의 고민을 표현할 수 있고 이해할 수 있다. 진심으로 걱정해줄 수 있고, 유용한 해결책이나 마음의 안정을 줄 수 있는 사람들이다. 어쩌면 나는 나를 힘들게 하는 일들에 대하여 가족들보다도 이 선생님들에게 더 의지하고 있는지 모르겠다.

나는 강하지 않고, 독립적이지 않아서 항상 누군가 나의 편이 되어준다는 확신을 가져야 편안하게 생활할 수 있는 성격이다. 그래서 오히려 의도적으로 '내 편이 되어줄 확신'을 생각하며 지내려고 노력하는 편이다. 자그마한 상실감은 금세 내 마음의 크기만큼이나 거대해지고 어느새 나를 집어삼킬 것이다. 나는 모두의 진심어린 편이 되어주고 싶다. 그리고 그 많은 사람들도 작은 힘이나마 나한테 내 편이 되어 다가오면 좋겠다.

한창 힘들었던 때, 집에 가면 항상 한숨과 풀 죽은 목소리만 뱉어내던 때의 어느 아침이었다. 특별할 것 없는 옷을 챙겨 입고 출근을 하려 현관문을 나서는데 엄마가 갑자기 한마디를 전했다.

"오늘 옷 예쁘다~"

이 한마디에 담긴 의도가 무엇인지는 중요하지 않지만, 나는 그 한마디에 굉장히 큰 마음의 회복을 경험했다. 누구나 쉽게 할 수 있는 말인데도, 그 한마디에 나는 출근길 내내 울컥했었다. 따뜻하게 한마디 해줄 수 있는 내 편이 있어서 참 다행이다.

아무 데나 피어도 모두 다 꽃이야

산에 피어도 꽃이고, 들에 피어도 꽃이고
길가에 피어도 꽃이고, 모두 다 꽃이야.
아무 데나 피어도, 생긴 대로 피어도
이름 없이 피어도, 모두 다 꽃이야.
봄에 피어도 꽃이고, 여름에 피어도 꽃이고
몰래 피어도 꽃이고, 모두 다 꽃이야.

– 작사/작곡/편곡 류형선

(출처: youtu.be/P9u5wxrHUvk)

2년 전 한 선생님의 공개수업을 참관하면서 처음 듣고는 푹 빠져

버린 동요다. 국악 가락을 사용하여 따뜻하고 정감 가는 느낌을 주는데, 나는 그보다도 가사에 많이 공감을 했던 것 같다. 우리 모두가 꽃이라는 그 말보다 그 앞에 붙은 조건들이 마음에 와 닿았다. 산에 피어도, 들에 피어도, 아무 데나 피어도 모두가 꽃이다. 봄에 피어도, 여름에 피어도, 아무도 몰래 피어나더라도 모두가 꽃이다.

이 노래를 알고부터는 담임을 맡은 우리 반 아이들에게 항상 이 노래를 소개하곤 한다. 노래 자체가 좋아서 소개하는 것도 있지만, 조금은 아이들에게 의도를 가지고 소개하는 때가 더 많다. 그리고 학부모에게도 어떠한 방법으로든 꼭 소개를 하려고 한다. 학부모 공개수업 때 아이들과 함께 수업을 정리하면서 짧게나마 부르는 모습을 보여준 때도 있다. 또 3월 첫 학부모총회 때 학부모들을 기다리며 교실에 가사와 함께 이 노래를 틀어 놓은 적도 있었다.

아이들도, 나도 모두가 꽃이다. 각자 한 송이의 꽃으로 서로를 마주하고 있다. 향기가 강한 꽃도 있고 향기가 없는 꽃들도 있다. 색깔이 화려하게 붉어진 꽃도 있는 반면 수수하고 은은한 꽃도 있다. 커다랗고 매력적인 꽃이 있는 반면 조그마하고 단정한 꽃도 있다. 남에게 줄기를 기대어 의지하는 꽃과 튼튼하게 다른 꽃을 받쳐주는 꽃들도 있다.

식물원, 화목원, 수목원. 어디가 되었든 방문해 본 기억을 떠올려보자. 형형색색의 아름다운 꽃들이 각각의 자리를 찾아 조화를 이루고 있다. 우리가 평소에 흔히 보는 익숙한 꽃들도 많지만 평소에는 보지 못했던, 그리고 존재 자체를 몰랐던 생소한 꽃들은 더 많다. 어찌 보면 우리 교실이 그렇다. 우리 어른들은 대부분 평소에 흔히 볼 수 있는 평범한 성향과 태도와 습관을 가진 아이들을 표준이라고 생각하고 지낸다. 그런 아이들이 가득한 교실이라는 가정하에 모든 것이 이루어진다. 교육과정을 만들 때부터, 한 시간 두 시간 직접 수업을 하는 그 순간까지 그런 꽃이 눈앞에 펼쳐져있기를 바라며 모든 일을 진행한다. 우리가 알지 못했던 그 수많은 생소한 꽃들을 가까이 맞이할 준비가 되어 있지 않다. 사실 그런 꽃이 훨씬 많은데도 우리는 아직 준비를 마치지 못했다.

아이들에게는 서로를 소중히 생각해주길 바라는 마음에 이 노래를 들려준다. 그리고 자기 자신 또한 얼마나 특별한 한 송이의 꽃인지, 한 명의 사람인지 생각해 보았으면 하는 마음에 이 노래를 들려준다. 누가 어떤 꽃인지, 누가 더 아름다운지, 누구의 향기가 더 매력적인지를 따지고 비교하기보다는 아이들 스스로가 그저 한 송이의 어여쁜 꽃이라는 것을 알아주었으면 하는 마음에 들려준다. 또 나는 스스로 내 앞의 30명 아이들이 모두 하늘거리는 꽃임을 다시 한 번 상기하기 위하여 이 노래를 튼다. 나도 힘들고 지쳐 가다 보면 그저 눈앞의 모두가 흔한 개나리였으면 좋겠다. 흔한 장미였으면 좋겠고, 다루기 쉬운 흔한 민들레였으면 좋겠다. 모두가 각기 다른 희귀한 꽃이고, 저마다의 특징과 저마다의 자라나는 방식이 있다는 것을 다시 한 번 상기하기 위한 그런 노래다.

나도 꽃이다. 아름답고 싶고, 매력 있고 싶고, 꾸준히 피어나고 싶은 그런 꽃이다. 누군가에게는 길가의 흔하디흔한 꽃 한 송이로 다가

갈지도 모르며, 누군가에게는 식물원 속 온실 구석에 위치한 아주 생소한 작은 꽃으로 다가갈지도 모른다. 누군가는 나를 힐끗 보고 '뭐야 별거 아니네'라며 지나갈 것이다. 누군가는 내가 여기에 피어났는지도 모른 채 지나갈 것이다.

나는 꽃이다. 다른 이들의 판단에, 다른 이들의 생각에 따라 피고 지지 않는다. 그저 그대로 하루하루 조금씩 자라나는 아름다운 꽃이다. 그 곧은 당당함을 잃지 말자.

지금 내가 놓치고 있는 것

바쁘게 산다는 이유로, 또 정신없다는 것을 핑계 삼아 놓치고 있는 것들이 너무나도 많은 것 같다. 문득 놓치고 사는 것들이 떠오를 때마다 괜스레 답답해지고 조바심이 나기도 한다. 나중에 돌아보면, 사실 놓치고 지나가도 상관없는 것들이 많은데, 왜 그러는지 답을 찾을 수 있을까?

지난 스승의 날에 편지 한 통을 받았다. 우리 반 남자아이의 어머니로부터 전해진 편지다. 작은 종이에 손글씨가 가지런히 적혀있는 아주 고마운 편지였다. 처음에는 그냥 보통의 스승의 날 편지처럼 수고하고 있다는 격려와 앞으로에 대한 응원을 담은 내용일 거라 생각했다. 아이들이 모두 하교하고 난, 조금은 여유로운 시간에 그 편지 봉투를 열어 내용을 읽고는 많이 울컥했다. 너무 열심히 하려고 하지 말라는 말이 적혀 있었다. 학교에서 선생님으로서 지내는 나의 역할이 삶의 전부가 아니니 너무 이 일에만 에너지를 쏟고, 몰두하고, 지쳐가지 말라는 진심 어린 걱정과 조언이었다. 나는 내가 꼼꼼한 사람이 되어야 한다고 생각해서, 하루에 필요한 준비를 모두 해 두기 위해서, 그리고 이제는 습관이 되어서 남들보다 더 오랜 시간을 학교에서 보내왔다. 가끔은 퇴근을 늦게 하기도 하고, 남들보다 학교를 일찍 가는 것이 당연하게 느껴질 정도다. 올해만 해도 주말에 하루 이상 학교에 가서 이런저런 일을 하고 오지 않은 날이 없을 정도다. 지금 생각해보면 그렇게까지 중요한 일도 아니었는데 말이다.

나는 가장 중요한 것을 놓치고 살고 있었다. 지금까지 나는 교사라는 직업이 천직인 것처럼 행동하며 살아왔던 것 같다. 매일 지나치게 몰두하며 시간을 소모하는 동안 내가 즐길 수 있었던 나의 시간을 놓쳤다. 주말에 날씨가 좋아도 그 햇살을 느끼며 학교에 갔다. 태풍이 왔던 주말에도 아마 학교에 갔던 것 같다. 그 시간에 나는 여행을 다녀올 수도 있었고, 카페에서 여유를 즐길 수도 있었고, 친구를 만나서 가보고 싶었던 맛집에 다녀올 수도 있었을 텐데…. 물론 그 덕에 월요일 아침에 해야 할 급한 일들이 반쯤 줄어든다는 성과가 있긴 하지만 말이다.

이런 것들 말고도 요즘 놓치고 있는 것들이 있다. 해야 할 일들을 놓친다. 그리고 해야 할 일들이 나를 놓치는 경우도 많다. 논리적으로 말이 안 되긴 하지만 내가 느끼는 상황이 그렇다. 내가 무슨 정신으로 지내는지 도통 머릿속에 체계가 잡히지 않는 기분이다. 하루하루를 즉흥적으로, 생각나는 순서대로 살아가고 있는 기분이다.

사소한 예를 들어보자면 교사 연구실 프린터를 교실 컴퓨터에 연결해 두었는데, 바로 찾으러 갈 목적으로 인쇄를 10장 해 두고는 몇 시간이 지나 그냥 퇴근을 해 버렸다. 다음날 아침에 새까맣게 잊고 있던 그 종이들을 보면서 그제야 아차 하는 마음이 들었다. 또 아이들이 일기를 제출하면 확인하고 다시 돌려주는 시간이 점점 길어지고 있다. 책상 잘 보이는 곳에 두고 퇴근을 하며 '내일 아침에 바로 체크해서 나누어 주어야지'라고 생각을 한다. 그리고 다음날 퇴근길에 똑같은 생각을 하는 날이 반복되고 있다.

나는 예전부터 구글 캘린더를 이용하고 있다. 아이들의 출결, 업무, 수업, 개인 일정 등 세부적으로 기록을 하고 있는 편이다. 물론 습관이 되어서인지 요즘에도 기록만큼은 착실하게 하곤 한다. 그리고 일정에 기록하기 애매한 할 일들은 스마트폰의 리마인더(미리 알림) 앱을 이용하여 항상 적어두곤 한다. 매시간 해야 할 일을 잊지 않도록 알림을 보내주기 때문이다. 정해진 시간이 되면 캘린더와 리마인더 앱에 빨간색으로 숫자가 쓰인 알림 배지가 생긴다. 얼마 전까지만 해도 화면에 빨간 동그라미 하나 생기는 게 너무 신경 쓰여서 일을 빨리 처리하곤 했다. 그런데 요즘은 그런 빨간 배지에 쓰인 숫자가 1이 아니라 4가 되고, 5가 되어도 별 마음이 없다. 이러한 상황이기에 내가 일을 놓치는 것도 맞지만 일이 나를 놓치는, 즉 일이 나를 찾아와도 내가 숨어버리는 기분이 든다는 것이다.

분명 지금 내가 열정 넘치는 그런 보기 좋은 상황이 아니라는 것은 알고 있다. 내가 지쳐있기 때문이든, 모든 에너지를 소진했기 때문이든, 아니면 내가 원래 이런 성격이었는데 지금껏 숨겨 두었든. 어쨌거나 변화는 학교에서부터 왔을 것이다. 그러므로 학교에서 다시 변화의 답을 찾아야 하는 게 맞는 것 같다. 하지만 무작정 학교에서만 모든 답을 찾으려고 하지는 않을 생각이다. 그 학부모님의 편지처럼 나는 젊고, 하고 싶은 것도 많은 사람이며, 학교가 전부도 아닐 뿐더러, 내 삶이 있는 '나'이기 때문에.

학교에서 다친 아이, 실수를 통해 배우다

학교에서는 정말 다양한 사고가 일어난다. 누가 누굴 때려서 일어나는 사고부터, 정말 예기치 못하게 일어나는 다양한 형태의 사고가 있다. 학교라는 특성상 대부분 피해를 주고받는 대상은 아이들이다. 그렇기에 학교안전공제회라는 제도를 통해 아이들의 피해를 되도록 보상해 줄 수 있도록 운영하고 있다.

우선 학교안전공제회에 대해 간단하게 설명을 하자면 일종의 보험 같다. 학교에서 교육활동 중에 일어난 어떠한 사고에 대하여 일정한 금액으로 보상을 해 주는 제도다. 체육시간에 발목을 삐끗하여 깁스를 하고 병원 진료를 여러 차례 받았다면, 상황에 따라 치료비 전액까지도 실비 지급받을 수 있다.

어떤 사고가 일어난다면 담임교사 혹은 담당교사는 학교안전공제회에 사건을 접수하여야 한다. 되도록 빠른 시간 안에 접수를 해야 하며, 학부모는 치료가 끝난 뒤 영수증 등 증빙서류를 제출해야 한다. 지난 학기에 내가 아무것도 하기 싫었던 때가 있었다. 물론 귀찮고 지겨워서 아무것도 하기 싫었던 것은 아니었다. 열심히 하고 싶어도 마음이 내 마음 같지 않았다. 그러던 중에 우리 반 한 아이가 발목을 다쳤다. 워낙 장난이 심하고 활발한 아이라 그러려니 하고 넘어갔다. 다음날 아이는 발목에 깁스를 하고 목발을 짚은 채 학교에 왔다.

그때까지도 아무것도 생각하지를 못했다. 그저 아이가 편하게 통학할 수 있도록 엘리베이터를 이용할 수 있도록, 점심을 편하게 먹을 수 있도록 다른 친구가 식판을 대신 들어주는 등의 안내만 했다. 방학을 일주일 남기고 그 아이의 학부모에게서 연락을 받게 되었다.

"학교에서 다친 경우에 어떤 제도를 통해 돌려받을 수 있다던데, 혹시 알아봐 주실 수 있나요?"

그제야 아차 싶었다. 아무런 경황이 없었던 터라 학교안전공제회에 사건 접수를 할 생각조차 하지 못했다. 불안한 마음에 급하게 포털사이트에서 검색을 해 보았다. 공식 사이트에는 '빠른 시일 내에'라는 말만 나와 있을 뿐 얼마의 기간 내에 접수를 해야 하는지 정확히 알 수 없었다. 주말이었던 터라 상담센터에 전화하여 문의를 할 수도 없었다. 여러 사람들의 말을 들어보니 짧게는 48시간에서 길게는 한 달까지 이야기가 모두 달랐다. 이렇게 답답한 상황을 만들어버린 나 자신한테 화가 많이 났다.

그냥 사실대로 말하자고 마음을 먹었다. 아침에 다리를 다친 아이가 분명 부모님의 차를 타고 올 것이라 생각해서 무작정 학교 교문에서 기다렸다. 역시나 그 아이가 등교를 하는 모습을 발견했다. 나는 그 부모님께 가서 사실대로 이야기를 했다.

"제가 그때 깜빡하고 사건 접수를 못해서 지난번에 말씀해주신 진료비 지급이 어려울 수도 있을 것 같아요. 죄송합니다. 저 때문에…."

솔직히 이야기를 하며 사과하는 그 당시에도 나는 자신에게 너무 화가 났다. 그 부모님은 "네, 알겠어요. 어쩔 수 없죠"라며 씁쓸한 표정을 지으며 돌아갔다.

나는 출근하는 행정실 직원 분께 문의를 하고 늦게나마 접수를 하게 되었다. 사고일로부터 한 달 반 정도가 지났을 때였다. 학부모님께 문자를 보내 어렵게 접수를 할 수 있었다는 것을 이야기하고, 필요한 서류를 안내했다. 내가 실수했던 일임에도 불구하고, 그 학부모님께서는 훗날 학부모 상담을 하며 덕분에 잘 돌려받을 수 있었다며 감사하다고 하셨다. 잘 해결되어서 정말 다행이라는 생각밖에는 들지 않았다.

오늘 우리 반 아이가 친구와 놀다가 의도치 않게 손가락을 다쳤다. 그때의 경험이 몸에 익어서인지 안전공제회가 먼저 생각이 났다. 생각해보면 마음고생을 통해 좋은 가르침을 얻은 것 같기도 하다.

물론 아이들이 안전하게 생활하며 다칠 일이 없어 안전공제회를 신청하지 않는 상황이 이어진다면 더 바람직할 것이다. 하지만 학교는 집단생활을 하는 공간이어서 아이들이 의도치 않게 다치거나 상처 입는 경우가 많다는 것을 모두가 알고 있기에, 학교안전공제회라는 제도에 대하여 조금은 더 각별하게 인식하고 있어야 할 것 같다.

선생님은 연애하는 중이에요

제목이 선생님의 연애라고 뭔가 달달하고 설레는 마음을 지닌 채 읽고 있다면 실망할지도 모른다. 인스타그램을 보다가 '학교 한 줄'이라는 계정을 알게 되었다. 선생님들이 한 줄씩 공감되는 글귀들을 찾거나 지어내어 제보하고, 그 글을 피드에 올려주는 계정이다. 계정을 팔로우하고 피드를 구경하다가 무심코 마음에 쿵 하고 와 닿는 글들을 보았다. 그 글을 소개해보고자 한다.

'만나자마자 사랑한다 뻥치고 이별 즈음 정말로 사랑해버리는 선생님의 연애, 짝사랑도 괜찮아.'

– 작가 Y

선생님은 학기 첫날 아이들을 마주한 채 당황해서도, 어색해서도, 낯을 가려서도 안 된다. 마치 '너희들이 우리 반에 올 줄 알았다'는 표정으로, '나는 너희 모두를 벌써부터 똑같이 사랑하고 있으며 행복한 한 해를 만들 자신이 있다'는 표정으로 어색해하는 아이들을 마주해야 한다. 물론 선생님 모두가 괜찮을 리가 없다. 나만 해도 어색함에 말이 입으로 나오는지 코로 나오는지 알 수가 없을 지경이다. 그럼에도 몇 년째 나는 그렇지 않은 척하고 있다.

아이들은 학기 첫날부터 꾸준히 물어본다.

"선생님, 저는요~"

"선생님, 우리 엄마는요~"

"선생님, 제 이름 기억하죠?"

사실 잘 모를 때가 많다. 나도 실은 조용히 아이들을 관찰하며 아이들을 서서히 알아가고 싶은 마음이 큰 사람이다. 성격이 그렇고 성향이 그렇기에 나는 사실 빠르게 터놓고 지내는 것을 힘들어하곤 한다. 그러나 나의 성격과 성향은 교실에서는 드러내기가 힘들다. 초롱초롱하게 나만 바라보는, 사랑받으려는 의지가 넘쳐흐르는 30명의 아이들 앞에서 절대로 그럴 수 없다. 나는 첫날부터 아이들을 사랑해야 한다. 그래서 양심에 찔리기는 해도 사랑한다고 뻥친다. 진심으로 사랑할 준비가 되어 있지 않기 때문에.

아이들은 사랑받고 싶어 하는 의지가 어른들의 백 배 가까이 되는 것 같다. 그 열정이 웬만해서는 식지 않는다. 항상 선생님에 대한 자신의 사랑을 표현하고, 표현한 만큼 다시 받고 싶어 한다. 이러한 현상은 일 년 내내, 별 일이 없는 한 굴곡 없이 이어진다. 그렇게 천천히 시간을 두고 아이들과 대화하며 생활하다 보면 정말 진심으로 한 명한 명의 아이들을 예뻐하게 되고, 사랑할 수 있게 된다. 그때는 벌써이별해야 할 때가 된 것이다. 아이들은 새로운 학년과 새로운 친구들, 선생님들에 대한 기대로 이미 마음이 떠나버리곤 한다. 그렇게 선생님은 마지막에 가서야 학생들을 정말로 사랑해버린다.

같은 계정에 작가 Y님이 올린 또 다른 글이 있다.

'더 사랑한 쪽이 헤어졌을 때 더 후회하는 연애. 지난 사랑이 정리안 된 채로 새로운 사랑을 시작해야 하는 연애. 선생님의 연애.'

사실 선생님과 학생의 일 년 살이를 연애라고 보기는 이상하기도하지만, 그리 틀린 비유는 아닌 것 같다. 실제의 연애와는 다른 의미지만 누군가를 진심으로 생각하고, 인정하며 오랜 시간을 함께 보내는 것이 비슷하다는 생각이 든다.

선생님은 만남과 이별의 직업이다. 매년 새로운 학생들을 만나고일 년을 살다가 헤어져야만 한다. 그 일 년의 여운이 가시기 전에 새로운 학생들을 만나 또 새로운 일 년을 시작한다. 선생님들과의 관계도 마찬가지다. 친하게 지내는 선생님도 다른 학년으로, 다른 학교로, 심지어는 다른 지역으로 언제든 흩어져버린다. 운이 좋으면 어딘가에서 다시 만나겠지만 그것도 말처럼 쉬운 일은 아니다. 정이 들어버린 학교도 정리할 새 없이 떠나가야 하며, 새로운 학교를 오래 보아왔던 것처럼 사랑하기 시작해야 한다. 선생님은 그런 연애를 해야 한다.

'학교 한 줄'에 올라온 다른 글귀를 소개하며 글을 마무리해볼까 한다. 역시 작가 Y님의 글이다.

'선생님이 될 줄 알았더라면 글씨 연습했을 거야. 젓가락질도, 다정하게 말하는 것도, 그저 하염없이 기다려주는 것도. 그런데, 어쩜 좋으니. 나도 선생님은 이번 생에 처음인 걸.'

Chapter 2.

**어른 같지 않은 어른으로
키우겠습니다**

장난과 폭력 사이에서

우리 반에는 장난꾸러기들이 참 많다. 동의하는 사람들이 많을지 적을지는 모르겠지만 내가 볼 때 아이들은 장난꾸러기여야 한다. 장난을 친다는 것은 호기심을 가지고 있다는 것이고, 또 사회 속에서 누군가와 관계를 형성하고 있다는 것이며, 적당한 관심을 주고받기를 희망한다고 볼 수도 있을 것이다. 그렇기에 나는 '아이들은 누구나 장난꾸러기여야 한다'고 생각한다.

과연 장난의 정확한 사전적 의미가 무엇일까? 찾아보니 '주로 어린 아이들이 재미로 하는 짓'이다. 사전적 뜻에서도 아이들은 언제나 장난꾸러기여야 한다는 것을 보여주는 듯하다. 나는 아이들이 장난꾸러기여야 한다는 내용을 바탕으로, 아이들의 귀여운 장난을 보면서 세상을 행복하게 살자거나, 우리도 웃음을 되찾자거나 하는 이야기를 하고 싶은 것이 아니다. 장난의 정도에 대해 조금은 솔직하게 이야기해보고 싶다.

나뿐만 아니라 전국 모든 선생님들이 수도 없이 이야기하는 말이 있다.

"혼자만 재미있을 때는 장난이 아니다. 함께 하는 친구도 재미있어야 장난이다. 그렇지 않으면 폭력이 될 가능성이 크다."

나는 이 말에 전적으로 동의한다. 내가 즐겁기 위해서 다른 사람이 귀찮거나 불편함을 표시하는데도 지속한다는 것은 더 이상 장난으로 보기가 힘들다.

예를 들어보자. 행복이가 웃음이를 자꾸 뒤에서 찌른다. 앞뒤로 앉아있는 자리 배치에서 매 수업 시간, 매 쉬는 시간을 쫓아다니면서 쿡쿡 찌른다. 웃음이는 자꾸 뒤를 돌아보며 짜증을 내게 되고, 하지 말라고 경고를 하기도 한다. 그러다가는 결국 화를 내고 싸우게 된다. 물론 선생님은 수업 시간 내내 투닥거리는 그 아이들을 보며 수차례 지도를 했을 것이다. 또 쉬는 시간까지 이어지는 두 아이의 다툼을 지켜보면서 따로 또 같이 수차례 이야기를 나누었을 것이다. 그때마다 행복이는 그저 장난이었다고 한다.

선생님은 다시 한 번 어디까지가, 또 어떤 조건에서만 장난이 될 수 있는지를 이야기해 준다. 쉽게도 이야기하고, 다음번에는 또 단호하게도 이야기할 것이다. 그 과정에서 행복이랑 웃음이가 수차례 약속을 정하고 지키도록 했을 것이며, 학급의 규칙을 이리저리 재어보며 행복이를 변화시키고자 노력했을 것이다. 상황이 지속되면서 선생님은 행복이의 부모님과도 여러 차례 이야기를 나누고 해결책을 찾으려 말 그대로 애썼을 것이다.

슬픈 상황이지만 행복이가 전혀 변하지 않았다고 생각해보자. 그 저 자기가 재미있기 때문에 계속해서 자기만의 '장난'을 친다. 웃음 이는 과격한 표현까지 써 가면서 싫어한다. 행복이가 우리 반에 없 었으면 좋겠다는 이야기를 반복한다. 이 과정에서 웃음이의 부모님 도 선생님에게 아이가 힘들어하고 있음을 수차례 표현했을 것이다. 이러한 상황에서 교사가 과연 어떤 해결책을 내려야 하며, 어떤 지 도를 해야만 할까?

이것은 사실 지난 학기 내내 우리 교실에서 일어난 일이다. 그리고 개학을 한 지금도 어김없이 이어지고 있다. 정말 많은 노력을 했다. 수십 번의 상담을 하고, 따로 이야기를 나누었다. 함께 약속을 정하 기도 했고, 상담 선생님과 함께 아이를 이해해보려 노력도 해보았다. 같은 학년을 맡은 선생님들과 이야기를 나누며 해결책을 찾아보려고 도 했고, 하다못해 교장선생님에게 도움을 구하려고 찾아간 적도 있 다. 그 결과는 앞에서 이야기한 그대로다. 참 슬픈 상황이지만 행복 이는 전혀 변하지 않았다.

오늘 학교에서 여전히 행복이는 '자기만' 즐거운 장난을 친다. 행 복이가 변하지 않은 것은 슬프다. 하지만 그런 행복이를 보면서 딱히 내가 교사로서 더 이상 시도할 수 있는 것이 별로 없다는 것을 깨닫 는 그 순간들이 더욱 슬프다. 열심히 다시 시도해봐야지, 다시 차분 하게 이야기해 봐야지, 하는 시도들이 픽픽 꺾여나갈 때마다 정말 무 기력하게 느껴진다.

지금 선생님과 행복이와 웃음이는 수십 갈래의 길을 따라 함정과 장애물을 피해서 여기에 왔다. 우리 앞에는 아직 가보지 않은 더 많은 갈래의 길이 있다. 그리고 그 길은 지금 뿌연 안개로 덮여있어 길 끝에 무엇이 기다리고 있는지 전혀 알 수 없다. 글의 맨 처음에 이야기한 것처럼 우리 반에는 장난꾸러기들이 많다. 그리고 아이들은 모두 장난꾸러기여야만 한다는 생각 또한 변함이 없다. 우리 반 우리 아이들이 정말 순수한 '장난꾸러기'로 행복할 수 있기 위해선 내가 안개를 쓸어가며 밝은 빛이 나올 때까지 많은 길을 가보는 방법밖에 없을 것 같다.

슬픔과 무기력 틈새에서 책임감과 기대감이 싹트는 참으로 이상한 날이다.

왜 상추쌈은 나오는데 깻잎은 안 줘요?

직업이 교사이다 보니 나는 말을 많이 하게 된다. 말하는 것을 크게 좋아하지 않는 성격임에도, 출근하고부터는 거의 쉴 새 없이 이야기를 듣고 나눈다고 보면 될 것이다. 내가 나누는 대화의 상대가 주로 학생들이다 보니 주제도 다양하고, 반응도 각양각색으로 빈틈없이 이어진다.

모든 학년을 다 맡아본 것은 아니지만, 학년에 따라 아이들의 말하는 대화 주제나 반응하는 방법과 정도가 매우 다르다. 그런 차이를 하나하나 깨닫게 될 때 뭔가 재미를 느끼곤 한다. 올해는 저학년에 해당하는 3학년 학생들과 지내다 보니 그런 사소한 재미들을 마주할 기회가 더 많은 것 같다.

쉬는 시간에 잠시 앉아서 쉬고 있을 때, 아이들이 심각한 표정으로 다가올 때가 종종 있다. 그럴 땐 나도 모르게 긴장이 된다. 혹시라도 무슨 일이 있거나, 내가 챙겨야 할 일이 생긴 것은 아닌지 싶어서 말이다. 아이들이 그렇게 다가와서는 자신의 감정을 드러내면서 이야기한다.

"오늘 급식에 뭐 나와요?"

"왜 상추쌈은 나오는데 깻잎은 안 줘요? 지난번에는 줬던 것 같은데?"

"저 어제 엄마가 필통 새로 사주셨어요."

갑작스러운 긴장 끝에 약간은 허무할 만큼 예상치 못한 대화가 등장하니 허탈함을 넘어 재미있기까지 하다. 매일 이런 식으로 나를 조였다 풀었다 하니 웃음이 안 나올 수가 없다.

아이들은 선생님에 대해서 사소한 것 하나하나까지도 알고 싶어 한다. 선생님의 집은 어디인지, 선생님은 어느 초등학교를 나왔는지, 선생님은 어제 저녁에 뭘 먹었는지, 선생님은 포도맛 젤리를 좋아하는지 사과맛 젤리를 좋아하는지, 선생님은 결혼을 했는지, 선생님은 나이가 몇인지, 선생님은 형제자매가 있는지, 우리가 체육시간에 수업을 하러 나가면 선생님은 혼자 무엇을 하는지…. 대화하는 상대만 달랐더라면 취조나 추궁이라고 느껴질 수 있는 내용이지만, 아이들과의 대화이기에 귀엽게 받아들이곤 한다. 물론 답변도 약간의 과장과 웃음 코드를 섞어 해주곤 한다.

바람직한 태도는 아니지만 나도 사람인지라 컨디션에 따라서 아이들과 소통하는 정도에 차이가 나게 된다. 몸이 힘들고 지친 날에는 평소 나누던 사소한 대화들마저도 이어가기가 힘들 때가 있다.

"좀 이따가 얘기하자!"며 아이들을 돌려보내면 아이들은 아무런 미련 없이 돌아서서는 친구랑 놀러 간다. 서운함이나 아쉬움의 표현 없이 돌아서는 아이들을 보며 괜찮겠지 싶으면서도 마음속 한편에 괜한 미안함이 쌓인다.

컨디션이라는 게 내 몸 상태에 따라 영향을 받지만, 사실 그날 주고받은 이전 대화들의 영향을 받는 경우가 더 많다. 대화의 내용보다는 대화의 방향이라고 표현하는 게 맞을 것 같다. 대화가 긍정적이었는지, 부정적이었는지에 큰 영향을 받는다. 좋은 얘기를 주고받은 날은 대화가 끊임없이 이어져도 말이 술술 나온다. 마음속에도 대화를 이어나갈 여유가 생긴다. 그러나 부정적인 대화가 오고 가는 경우가 있다. 학생의 잘못된 행동을 제지해야 할 때라든지 바로잡아야 하는 경우다. 그런 경우에 최대한 간결하게 내용만을 전달하려고 하지만, 그런 대화는 더 길어지기 마련이다. 그런 대화를 주고받은 날에는 모든 기운이 싹 빠지는 기분이다.

말을 이어간다는 것은 너무나도 좋은 일이다. 누군가를 생각해서 말할 거리를 찾아내고, 상대의 답을 귀 기울여 들으며, 그에 대한 반응까지도 공유하는 완벽한 상호작용이니까 말이다. 그렇기에 최대한 대화를 다양하게 이어가려고 노력한다. 선생님과의 대화를 통하여 아이들도 소통하고 공유하고 싶어 하는, 또 친근한 관계를 쌓으려는 욕구가 풀리는 것 같다. 나 또한 대화하면서 생각할 거리나 주의 깊게 지켜봐야 할 지점을 인지하게 되는 장점도 있다.

이 글을 쓰는 지금, 아이들은 체육 수업을 위하여 운동장에 나갔다. 말을 이어나간다는 것의 소중함을 글로 쓰고는 있지만, 조용한 지금 이 교실이 너무나도 평화롭다. 일주일에 몇 시간 없는 교과 전담 시간이 이렇게나 고마울 수가 없다. 이 조용함을 충분히 즐겨야겠다. 10분 후면 또다시 끊임없는 대화의 장에 들어가야 하니 말이다.

어른 같지 않은 어른으로 키우겠습니다

우리가 인생을 살면서 자기 스스로를 자랑스러워하거나, 너무 멋있어서 모두에게 뽐내고 싶다고 여기는 시간이 얼마나 될까. 대부분은 남과 나를 비교하여 위축되고 속상해하는 시간이 훨씬 많을 것이다. 나만 하더라도 당당하고 자랑스러운 날들보다는 위축되는 그런 속상한 날이 더 많다.

아이들은 어른들에 비해 조금은 더 자기 자신을 자랑스러워할 줄 안다. 아이들은 스스로에 대해 충분한 자신감을 가지고 있고, 본인이 어떤 점에서 뛰어난지 누구보다 잘 알고 있다. 그리고 그것을 아무런 거리낌 없이 표현하기도 한다. 지금은 어른이 되어버린 우리 모두 어린 시절 그런 자신감을 뽐내며 살았을 것이다. 그런 우리가 어째서 커가면서 나를 깎아내리게 되었을까.

이건 어른들의 문제다. 그리고 지금 어른들을 길러낸 더 어른들의 문제다. 그리고 그런 어른들을 길러낸 '어른들의 어른들' 그 사람들의 문제다. 그래서 나는 그냥 어른인 모든 사람의 문제라고 생각한다. 어른들은 항상 누군가와 비교한다. 물론 아이들도 마찬가지로 항상 자신의 또래들과 비교하고 경쟁한다. 그런데 어른들은 비교의 결과를 좋은 뜻으로 환류하지 않는다. 누군가의 잘난 점을 발견하면 조건반사처럼 삐딱하게 눈을 뜨기 시작한다.

'쟤는 어떻게 저런 걸 잘하지?'

'쟤는 벌써 저걸 다 한단 말이야? 나는? 우리 아이는?'

'와, 나는 왜 저러지 못할까'

이렇게 혼자 생각한다. 아니 같은 처지에 있는 속상한 사람들끼리 이야기를 주고받는다. 비교를 하여 점점 마이너스가 되어간다.

아이들은 그런 비슷한 상황에서 전혀 다른 생각을 하고, 전혀 다른 대화를 이어나간다.

"우와, 이거 뭐야? 나도 알려주면 안 돼?"

"너 이거 진짜 잘하네! 이것도 해봐줄 수 있어?"

"다음에 나 저거 해서 친구들 보여주고 싶은데, 그때 네가 이걸로 같이 할래?"

이런 말들을 나누기도 한다. 하지만 대부분의 아이들은 더 짧고 간결한 말로 진심을 담아 누군가의 장점을 받아들이고 칭찬하고 자랑스럽게 여기곤 한다.

"와, 대박!"

이렇게 아이들은 비교를 하면서 점점 플러스가 되어간다. 새로운 배움의 기회를 얻기도 하고, 무언가를 잘하는 좋은 친구를 둔 것 자체를 긍정적으로 여겨기기도 한다.

아이들은 어른들과 생활하면서 배워나간다. 어른들은 "저 친구와 비교하고, 시기하고, 질투하거라"고 대놓고 말하거나 가르치거나 표현하지는 않는다. 절대로. 대놓고 그렇게 표현하는 건 자존심 상하는 일이라는 걸 알기 때문이다. 하지만 아이들은 말보다는 행동과 표정과 느낌과 분위기에서 더 빠르고 정확하게 배운다. 친구에게 진심으로 인정받는 것보다, 지나가는 말일지언정 어른에게 인정받는 것이 더 좋은 일이라고 몸소 느낀 아이들은 그렇게 서서히 어른들을 닮아간다.

철이 없고 순진무구한, 아직 어리다고 우리가 쉽게들 표현하는 그런 아이들이야말로 옳은 자기 존중감을 가지고 있는 아이라는 생각이 든다. 철이 일찍 들어서 착한 아이라며, 생각이 깊다며, 어른스럽다며 어른들에게 여러 칭찬을 받는 아이들은 사실은 어른의 세계에 들어가기 직전 단계에 서 있는, 어찌 보면 너무 일찍 비교와 속상함을 알아버린, 그래서 어른들이 미안함을 느껴야 할 대상이 아닐까 싶다.

아이들은 아이다워야 한다고 생각한다. 우리가 아이답다고 하는 말들의 의미를 여러 상황 속에서 곱씹어보면 그다지 좋은 의미로만 받아들여지지는 않을 것 같다. 8~9살까지는 아이다움을 그대로의 의미로 받아들이는 것 같다. 딱 거기까지다. 3학년인데 아이 같다. 6학년인데 아이 같다는 말. 너무나도 빨리 어른처럼 사고하고, 어른처럼 행동하기만을 바라는 우리 어른들의 이기적인 속마음이 담겨있는 생각은 아닐까.

이 생각이 정말 맞는지 아닌지도 헷갈리곤 한다. 이는 나 또한 어른이기 때문에 더욱 어려운 것이 아닐까 싶다. 아무튼 우리 교실에서 나와 일 년을 지내는 아이들이 학교에서나마, 아니 우리 교실 공간 안에서나마 아이답게 행동하고, 아이답게 스스로를 자신 있어 하고, 자기가 잘하는 사소한 어떤 행동 하나에도 당당할 수 있도록 분위기를 만들어보려 한다. 나는 당당하게 자라지 못했지만, 우리 아이들만큼은 나와는 조금 생각이 다른 어른으로 자라길. 내 또래를 비롯한 기존 어른들에게 "쟤들은 아직도 철이 없어. 어른이 되어도 어른답지가 못해"라는 꾸짖음을 들을지언정 자기 자신을 깎아내리고 남들과의 비교에서 한없이 지기만 하는 그런 어른이 되지 않기를 간절히 바란다.

또 다시 우유전쟁

초등학교에 근무하다 보면 내가 초등학생이던 때부터 지금까지도 같은 모습으로 이루어지는 활동들을 마주할 때가 있다. 그럴 때마다 이유 모를 흐뭇한 웃음이 나오곤 하는데, 그중 하나가 바로 우유급식이다. 매일 아침 우유 냉장고에 새 우유가 가득 채워지는 것부터, 당번을 정해 아이들이 우유를 낑낑거리며 들고 와야 하는 것과, 일주일에 한 번 초코우유나 검은콩 우유 같은 달콤한 우유가 나온다는 것까지 똑같다.

흐뭇함이 있음에도 사실 우유급식은 우유전쟁이다. 우유를 먹고 싶지 않은 학생과, 아이가 우유를 마셨으면 하는 부모님들과, 교실까지 진격해 들어온 우유군대를 어서 아이들이 먹어서 물리쳤으면 하는 교사 사이의 전쟁이다. 보이지 않지만 교실에서 일어나는 큰 전쟁 중 하나다. 1학기 초 우유급식 신청서를 받아보면 2~3명을 빼고는 대부분의 아이들이 신청서를 가지고 온다. 대부분은 부모님의 의사가 많이 반영된 편이다. 아이들은 이런저런 이유를 들어가며 우유 마시기를 미룬다. 배가 아프다거나, 머리가 어지럽다거나, 속이 울렁거린다는 이유가 대표적이다.

2학기에도 다시 우유 신청을 받기로 한다. 그리고 영양 선생님은 진하고 굵은, 또 밑줄까지 그어진 글씨로 신청서에 한 줄 내용을 추가하셨다. '꼭 아이들과 상의하여 의견을 정해주세요'라고 말이다. 우유급식 신청서를 제출하는 학생들이 확연히 줄었다. 물론 2학기에도 머리가 아프고, 배가 아프고, 속이 울렁거리는 바람에 우유를 못 먹겠다고 이야기하는 학생들은 있다. 하지만 우유 바구니 속 우유들이 1학기 때보다는 확실히 빠르게 비어져 나갔다.

목요일. 초코우유가 나오는 날이다. 신기하게도 이날은 우유 마시자는 이야기를 하기 전부터 우유 통이 가벼워진다. 1학기에는 우유를 신청했다가, 2학기에는 우유를 신청하지 않은 어떤 학생은 초코우유를 보자 잠시 착각을 했는지 우유를 가져가서 마셔버렸다. 나도 사실 초코우유가 누구보다도 반가운 사람이지만, 아이들한테 초코우유가 얼마나 큰 의미인지 알 것 같기에 그날만큼은 내 우유를 조용히 양보해주었다.

사실 일괄적인 우유급식이 정말로 필요할까 싶은 생각이 든다. 우유를 가지고 아이들과 입씨름하기 귀찮아서가 아니다. 과연 학교에서 우유급식을 10년 전, 20년 전과 똑같은 방법으로 실시해야 하는 필요성을 이제는 더 이상 못 느끼고 있기 때문이다. 유제품은 점심급식을 이용하여 충분히 제공된다. 그리고 학생들이 가정에서도 유제품을 충분히 접하고 있다. 아이들이 싫어하는 흰 우유보다도 더 영양이 풍부한 다양한 맛의 우유도 출시되고 있다. 그러한 개인의 취향을 반영한 우유급식은 단일 제품을 대량으로 일괄 구매하여 제공하는 학교에서는 절대 이루어질 수 없다.

학교는 훨씬 더 많이 바뀌어야 한다. 우유급식도 학교를 요즘 시대에 맞게 바꿀 수 있는 핵심 열쇠 중 하나라고 생각한다. '우유는 영양 섭취에 좋아. 학교에서는 항상 우유를 아침에 먹었어. 일주일에 한 번 정도 맛있는 우유 넣어주면 되지'라는 생각 자체를 살짝 뒤집어볼 수 있는 기회들이 점차 커졌으면 좋겠다.

실현 가능성은 없을 것 같지만 대규모 학교에서 우유 자판기를 설치하면 어떨까. 따로 우유급식 신청을 받지 않아도 교사, 학생, 학교에 방문하는 학부모 누구든 우유를 쉽게 싼 가격에 구매해서 원할 때 먹을 수 있으니 말이다. 물론 납품해야 하는 맛과 양을 정확히 파악하지 못하는 점과, 남은 우유를 처리해야 하는 업체의 어려움이 있겠지만, 한 가지 가보지 않은 길 중 하나로 적어본 것이다.

얘들아, 오늘은 우유 바로 먹자!

학습준비물을 신청합니다

내가 초등학생이었던 때를 생각해보면 가장 기다려지던 날이 있었다. 그 당시에는 토요일에도 학교에 가서 수업을 했었으니, 바로 토요일 마지막 시간이다. 수업을 마칠 때쯤이면 선생님이 다음 주 수업 내용과 준비물이 적힌 주간학습안내를 나누어주셨다. 다음 주 수업이 기대돼서가 아니라, 다음 주 공부할 내용이 궁금해서가 아니라 주간학습안내의 또 다른 쓰임새 때문에 기다렸던 것 같다.

수업 종이 땡 치고 나면 선생님께 인사를 하고 각자 집으로 향한다. 집에 가는 길에는 항상 학교 주변 동네 문구사가 있었다. 문구사 아저씨는 매주 토요일 1학년 1반부터 6학년 6반까지 모든 반의 주간학습안내를 딱 한 장씩만 복사하셨다. 그렇기에 각 반에서 가장 첫 번째로 문구사에 가는 사람만 아저씨에게 주간학습안내장을 내밀 수 있었다. 물론 복사를 하게 해준 학생은 문구사에서 파는 불량식품을 어느 정도 마음대로 가져갈 수 있었던 특권이 있었다. 그 당시 그 문구사 아저씨는 학습준비물을 준비해주고, 우리에게 판매하는 입장이었던 것이다. 다음 주 수업에 어떤 준비물이 필요한지, 어떤 재료를 미리 주문해 두어야 할지를 조사하셨던 것이다.

요즘 학교에서는 대부분 준비물을 챙겨 오라고 하지 않는다. 이 또한 교육청마다 차이가 있을 것이고, 학교마다 차이가 있을 것이며, 사용처에 대해서는 각 담임선생님마다 차이가 있을 것이다. 그래도 내가 근무하는 교육청과 학교에서는 매우 큰 규모의 학교임에도 아주 넉넉한 준비물 예산을 운영하고 있다. 연간 학생 1인당 5만 원씩 지원을 해 주는데, 27명인 우리 반으로 생각을 해 보면 연간 총 135만 원 이상의 준비물을 자유롭게 사용할 수 있는 것이다. 때때로 예산이 늘었다며 준비물을 추가로 구입할 수 있도록 안내해 주기도 한다.

주로 교과활동을 진행하면서 꼭 필요한 준비물들을 우선적으로 구매한다. 각도기라든지, 컴퍼스라든지, 먹물과 붓이라든지, 리코더 같은 것들을 주문한다. 그러고 나서는 담임선생님들마다 각자의 교실 특색에 맞추어 자유롭게 운영하고 있다. 예를 들어 여름방학이 다가올 때는 부채 DIY 세트를 구매한다든지, 향초 만들기, 비누 만들기 체험 키트를 주문한다든지 하는 방식으로 시기별, 계절별로 특색 있게 운영할 수 있다.

요즘에도 주간학습안내를 통해 다음 주의 수업 내용을 자세히 안내하고 있다. 요즘과는 다르게 예전에는 준비물이 적혀 있는 칸이 빼곡하게 채워져 있었다. 미술 수업이 있는 날에는 도화지부터 시작해서 크레파스, 색연필, 사인펜, 물감, 물통, 붓, 수건까지 모든 것을 별도의 가방에 준비해서 가야 할 정도로 양이 많았다. 등교하는 도중 친구와 장난을 치다가, 아니면 가방에 넣다가, 가방에서 꺼내다가 도화지가 구겨지거나 찢어지기라도 하는 날에는 하늘이 무너지는 것 같았다. 다음부터는 도화지를 두 장씩 준비하는 경우도 있었고, 깨끗한 종이를 구하지 못해서 선생님께 혼날까 걱정하는 때도 많았다.

내가 학습준비물을 신청하면서 가장 많이 주문하는 것은 다양한 사이즈의 도화지다. 유독 도화지가 준비물일 때 당황스러운 일을 많이 겪었던 나는 도화지만큼은 아이들이 깨끗한 상태로 언제든 원하는 수업에 사용할 수 있도록 준비해야겠다고 생각했다. 대부분의 교실이 그렇겠지만 도화지, 색연필, 사인펜, 매직, 풀, 가위 같은 기본적인 학용품들뿐 아니라 물감, 물통, 팔레트까지 준비되어 있는 교실이 많다.

이렇게 학교에서 준비물을 최대한 지원해주는 것이 옳은 방향이라고 생각한다. 나는 해당 수업을 진행하고 활동을 이어나가는 데 필요한 적정 수준의 도구와 준비물들을 기본적으로 제공해주어, 모두가 같은 경험을 할 수 있도록 해주는 것이 수업 시작의 필수 조건이라 생각한다. 색연필을 준비하라고 안내했을 때 준비해 오는 색연필의 차이는 상상 이상으로 다양하다. 5색 미니 색연필을 준비해오는 학생들도, 12색 기본 색연필을 준비해오는 학생들도, 36색 색연필을 준비해오는 학생들도, 100색 전문가용 색연필을 준비해오는 학생들도 있다. 학생들 각자의 취미나 관심에 따라 다양하게 준비해오겠지만 활동을 할 수 있는 기본적인 정도의 준비물은 학교에서 준비해주고, 추가적으로 사용하고 싶은 것들은 학생들이 가지고 와 이용할 수 있도록 하는 것이 맞는 방향이 아닐까 싶다.

새 학기가 시작되면서 또 한 번 학습준비물을 대량으로 구매해야겠다는 생각이 든다. 최선의 선택으로, 최고의 학습효과를 낼 수 있도록 충분히 고민해야겠다.

우리는 모두 포노사피엔스

이번 여름 3주간 연수를 받으면서 가장 인상 깊었던 것은 '포노사피엔스'에 관련된 강의였다. 우리 인간이 '호모 사피엔스'에서 휴대폰을 뜻하는 라틴어 '포노'가 결합된 '포노사피엔스'로 진화를 해 가고 있는 과정이라는 것이다. 휴대폰을 손에서 놓지 못하는, 휴대폰이 생존의 필수적인 도구로 이용되는 새로운 인류라는 뜻이다.

사실 나부터도 이미 충분히 포노사피엔스로 진화하여 살고 있는 듯하다. 매일 아침 일어나서 스마트폰을 확인하고, 스마트폰을 연결해서 체중을 재기도 하고, 아침을 먹으면서 스마트폰으로 여러 가지 뉴스나 정보를 살펴본다. 출근을 하면서 스마트폰으로 음악을 듣고 친구들의 지난밤 소식을 탐색한다. 학교에 와서도 스마트폰의 다양한 교육 앱을 이용하여 수업을 하고, 컴퓨터로 이어지는 여러 프로그램들을 활용하여 하루를 보낸다. 아이들에게 만들어서 제시하거나 온라인에 올려줄 자료들을 스마트폰과 스마트패드를 이용하여 만들고, 알림장과 안내장도 온라인으로 발송한다. 퇴근길에 스마트폰 속 정보를 따라 맛있는 식당을 방문하기도 하고, 스마트폰을 이용해서 운동을 하고는 스마트폰이 측정해주는 수면 분석과 함께 잠이 든다.

나는 스마트폰을 접한 지 10년이 채 되지 않았다. 2010년 스마트폰이 막 쏟아져 나오기 시작할 무렵, 나도 스마트폰을 손에 장착한 포노사피엔스로 진화하기 시작한 것 같다. 학교에서 만나는 우리 아이들은 그렇지 않다. 태어나는 그 순간부터 모든 세상은 스마트 디바이스를 이용해서 돌아가고 있었고, 누군가 사용법을 알려주지 않아도 너무나도 쉽게 스마트폰을 활용할 줄 안다. 오히려 그렇지 않은 아날로그 방법이 더욱 불편하다. 아이들은 종종 "와이파이가 없었던 때가 어디 있어요?"라며 이해할 수 없다는 듯 말을 하곤 한다. 그만큼 지금 우리가 가지고 있는 스마트 환경이 너무나도 당연하게 받아들여지고 있다는 것이다.

포노사피엔스 강의와 그 책에서 하는 말을 요약하자면 다음과 같다.

인류는 언제나 생존에 유리하게 진화를 하고 있고, 포노사피엔스가 진화의 다음 방향이라면 더 이상 거스를 수 없다는 것. 강의를 들으면서 나를 다시 한 번 돌아보게 했던 교수님의 질문이 있었다.

"한 번이라도 스마트폰으로 해봐라, 스마트폰 가지고 많이 써라, 스마트폰 사줄 테니 잘 써봐라 등의 말을 아이들에게 한 적 있나요? 그냥 무조건 중독될까 봐 '조금만 써라, 쓰지 마라, 잘못하면 뺏길 줄 알아라!' 하며 억압하고 막기만 하지 않았습니까?"

스마트폰을 더 이상 아이들 손에서 강제로 떼어낼 수 없다. 우리 어른들이 그런 모습과 상황에 익숙지 않기에, 그리고 그런 삶을 살아오지 않았기 때문에 그게 잘못이라고 막아서는 것뿐이다. 억지로 떼어낼 것이 아니라 잘 사용하는 방법을 알려주는 것이 중요하다. 많이 사용하도록 해야 하고 충분히 이런저런 시도를 스스로 해보도록 해야 한다. 대신 올바른 방향으로 사용하도록 도와주는 역할 정도는 어른들이 할 수 있을 것이다.

작년에 함께 생활했던 5학년 우리 반 아이들이 방과 후에 교실 뒤편에 모여서 게임을 하는 모습을 보았다. "얘들아 집에도 안 가고 게임만 하는 거 아냐?"라고 말하며 다가갔다가 깜짝 놀랐다. 스스로 네이버와 구글에 검색해가며, 유튜브에서 관련 영상 수십 편을 보고, 강의를 찾아 들어가며 게임을 만들었던 것이었다. 그 단순한 게임일지라도 스스로 만들고 스스로 나누며 즐거워하는 모습을 보여주고 있었다. 깨어있는 척하면서도 결국은 교과서에 담긴 10년 전 사람들의 지식을 전달해주는 나보다는 훨씬 앞서있는 듯했다.

학교가 바뀌어야 한다. 이러한 변화를 누구보다 빠르게 장려해야 하면서도 더욱 올바른 방향을 스스로 찾을 수 있도록 하는 교육과정을 편성해야 한다. 그저 스마트폰 중독 예방교육을 할 것이 아니라, 그저 ICT 활용 교육이라면서 20년째 타자연습만 반복해서 시험 볼 것이 아니라. 충분히 수업 과정에서 활용하고, 스스로 방법을 찾고 배울 수 있는 방법을 알려주는 교육 과정이 필요할 것 같다. 학교에서, 집에서 못하게만 하니까 숨어서라도 몰래 게임해야겠다는 생각을 하지 않도록, "어제 숙제를 안 해서 부모님이 스마트폰 기능을 잠가버렸어요" 하며 제한과 체벌의 도구로 사용되지 않도록 우리가 먼저 변해야 한다.

호기심과 흥미를 유발하는 수업, 스며드는 공부

교육이나 학습을 바라보는 여러 가지 관점들이 있다. 보이지 않는 지식을 어떻게 형성하고 쌓아 가는지를 가지고 여러 학자들이 이론을 만들어내고 책을 쓰고 전파한다. 교사가 되기 위해 교육대학교에 다닐 때, 혹은 교사가 되어서 이런저런 연수를 통해 그러한 이론들을 수 없이 듣게 된다. 세계적인 큰 이론적 흐름이라는 것이 있긴 하겠지만, 사람들마다 생각이 다르고, 그 이론을 바탕으로 만나게 될 아이들의 특성이나 환경적인 차이가 있는 한 무조건적으로 무엇이 맞다고 하기는 힘들 것이다.

몇 해를 보내고 난 지금, 내가 생각하는 교육의 가장 좋은 방법은 스며드는 것이다. 공부 시작을 외치면서 자리에 앉아서 공부를 시작하고 정해진 시간에 끝나는 공부 방법이 아니다. 학교의 수업시간 운영 계획이 있는 한 완전히 공부의 시작과 끝이라는 부담에서 벗어날 수는 없지만, 어느 정도는 유연하게 수업을 하는 게 좋은 것 같다. 유연한 환경에서 아이들은 호기심과 흥미를 가질 수 있다고 생각한다. 그리고 호기심과 흥미는 학습의 가장 중요한 조건이라 생각한다.

호기심과 흥미를 수업 진행 상황에도 적용하고 싶었다. 이러한 생각으로 수업을 준비하고 진행하다 보니 내가 해야 할 것들이 참 많아졌다. 우선 교과서에 나온 자료들은 보통 아이들에게 크게 와 닿지 않았다. 아이들은 실제로 보고 기억하는 우리 주변의 것들로부터 많은 것을 배우게 되고, 그렇게 배운 것들은 쉽게 잊히지 않는다. 학습이 '강하게' 일어났다고 볼 수 있을 것이다. 그렇기에 아이들에게 교과서보다 조금 더 다가갈 수 있는, 와 닿을 수 있는 자료들을 찾고 만드는 과정이 필요했다.

국어와 수학, 사회 교과에서 주로 그러한 노력이 필요했다. 공부이긴 하지만 어른들이 생각하는 '공부'와는 다른 공부이길 바랐다. 국어 교과서에는 다양한 단원, 다양한 글들이 실려 있다. 예를 들어 '중심 문장을 찾을 수 있다'는 성취 기준을 달성하기 위해서 여러 제시 글들을 이용하여 교과서를 꾸린다. 사실 한 시간 내내 교과서를 펼쳐보지 않더라도, 중심 문장을 찾을 수 있다는 성취 기준만 달성하면 수업은 성공이다. 아이들이 평소에 관심을 가지고 있고, 재미를 느끼는 소재를 이용하여 글을 새로 만들기도 하였다. 보통 비슷한 생각을 하고 있는 여러 선생님들이 그러한 자료를 공유하기도 한다. 수학 시간에도 수학 교과서에 항상 제시되어 있는 재미없는 사탕 나누기나 기차 타기 등의 이야기는 다루지 않는다. 특별히 수학에서는 더욱 흥미와 재미가 필요하다. 보통 수학에 대해 어려움이나 두려움과 같은 부정적인 생각을 가지고 있기 때문이다. 수학 수업에 영화나 TV 프로그램을 활용해서 구성할 수 있다는 것을 알게 된 후로는 쭉 그렇게 수업을 구성하고 이어나가고 있다. 다른 선생님이 공유해주신 자료들을 사용하기도 하고, 단원에 따라서는 직접 영상을 잘라 붙여 가며 만들어 사용하기도 한다.

예전에 대학원에 가고자 하여 면접을 보러 간 적이 있다. 그 당시 교수님의 질문은 이랬다.

"잘 가르치고 잘 배우는 것은 무엇이라고 생각합니까?"

나의 대답은 다음과 같았다.

"제가 최대한 아이들의 흥미와 단계를 고려하여 공부 같지 않은 수업 자료를 제시하고, 아이들이 배우는 줄도 모르는 채 스며들어 알게 되는 게 가장 잘 가르치고 잘 배우는 것이라고 생각합니다."

"에휴, 또 저런 애가 왔구먼."

교수님은 이렇게 답하고는 주제를 바꾸어 버렸다.

교수님이 원하는 교육에 대한 답변과 정반대로 답을 했음에도 나는 합격을 했다. 하지만 내가 배우고 싶은 부분과 너무나도 다르다는 생각이 들어 휴학을 여러 번 하고나서는 자퇴를 했다. 그만큼 교육에 대한 생각은 사람마다 다르다. 내가 생각하는 스며드는 듯한 배움이라는 것이 불가능하다고 생각할 수도 있다. 완전히 틀린 생각일 수도 있다. 뜬 구름 같은 허무맹랑한 좋은 말 늘어놓기의 연장으로 보는 사람들도 있을 수 있다. 하지만 아직 교실에서 크게 좌절하거나 내 생각이 틀렸다고 느낄만한 사건은 일어나지 않았다. 아이들도 만족하고 있고, 그 모습을 지켜보면서 나 또한 흐뭇하다. 그렇다고 학습 성취도가 떨어지는 것도 아니다.

이렇게 가르치고 배우는 과정에서 나 또한 배우는 것이 참 많았다. 항상 노력해야 했고, 조금씩 더 준비해야 했다. 내가 맞다고 생각하는 방향으로 쭈욱 밀고 나가보려고 한다. 매년 조금씩 조금씩 더 성장하는 선생님이 되고 싶다.

아이들도 고민이 있답니다

어른들의 눈에 보이는 아이들은 마냥 걱정 없고 해맑은 모습이다. 우리는 아이들이 점차 성장하면서 고민이 많아지고, 걱정을 많이 하게 될 때 어른스럽다는 표현을 하곤 한다. 누군가는 철이 들었고 의젓하다는 뜻으로 사용하는 것 같지만, 나는 그렇게 생각하지 않는다.

어른들이 놓치고 있는 부분들이 있다. 아이들이 걱정 없이 해맑다고 생각하는 것부터가 사실은 큰 실수다. 아이들은 나름대로 엄청난 압박과 고민 속에서 지낸다. 사실 어른들이 보기에는 별 것 아니기 때문에 "에이, 저게 무슨 고민이야"라거나 "공부나 해, 나중에 어른 되면 다 해결돼"라는 식으로 대수롭지 않게 흘려보내려고 한다. 그래서 아이들은 얼른 어른처럼 되고 싶어 하는지도 모른다.

아이들은 일상의 모든 것이 고민이다. 우리 반 아이들 중 몇 명은 아침에 등교하는 길에 항상 걱정이 생겨나는 것 자체가 고민이라며 나를 찾아온 적이 있다. 아침에 화장실 불은 제대로 끄고 왔는지, 집 현관문을 열어두고 온 것은 아닌지, 휴대폰을 집에서 깜빡하고 가지고 오지 않은 것인지, 혹은 오는 길에 열린 가방 틈 사이로 떨어진 것은 아닌지, 자신도 모르게 켜져 있던 휴대폰의 데이터 버튼 때문에 데이터를 다 쓰고 돈이 많이 나오는 것은 아닌지, 선생님이 나누어준 프로그램 신청 안내장이 반으로 접혔는데, 이것 때문에 신청을 못 하는 것은 아닌지 등 정말 다양하다.

뭐든지 지나치면 문제가 되겠지만 이런 정도의 고민은 아이들이 충분히 혼자 부풀리고, 해소하는 경험을 다양하게 해 줄 필요가 있다고 생각한다. 사실 학교에서도, 가정에서도 이런 고민은 공부하는 데 방해만 된다는 생각으로 어른들이 재빠르게 고민을 해결해주려고만 한다. 그러다 보니 아이들은 모든 문제 상황에서 어른들에게 도움을 요청하려고, 아니 해결을 부탁하려고만 한다. 스스로 다시 행동을 되짚어보고, 대응방안을 생각해보고 진행되는 일에 따라 자기가 책임을 질 수 있는 그러한 과정을 연습하는 것이 필요하다. 물론 그 과정에서 어른들이 방향을 잡아주거나 조언을 해 주는 정도의 개입은 필요하겠지만 말이다.

또 다른 고민 중 가장 큰 것이 공부다. 공부라기보다는 성적이겠다. 요즘은 점차 사라지고 있는 추세지만 아직도 몇몇 교과에서는 정해진 틀에 맞추어 시험을 보는 경우가 많다. 단원평가라는 이름으로 매 단원의 성취도를 몇 개의 문항을 통해 점수로 나타내는 경우가 많다. 시험을 보는 날 아이들은 아침부터 문제를 쉽게 내달라는 간절한 부탁을 하곤 하는데, 이유를 물어보면 다음과 같다.

"시험을 잘 보면 엄마가 새로 나온 닌텐도 게임기 사주신댔어요."

"아~ 시험 망치면 부모님한테 죽어요."

우리 학년에서는 선생님들 간의 협의를 통해서 시험을 보게 되는 경우에 숫자로 몇 점인지 적어서 보내는 것을 하지 않기로 했다. 어차피 채점을 해서 틀린 문제, 맞은 문제를 구분하여 가정으로 보낼 텐데 점수를 쓰는지 마는지가 중요하겠냐는 의견도 많았지만, 어느 정도 의미는 있다고 생각한다. 어차피 어른들이야 20문항 중에 몇 개를 맞았을 때 몇 점이 된다는 것 정도는 직관적으로 파악하고 있다. 3학년 아이들은 그렇지 않다. 점수를 써 주는 순간 아이들은 그 숫자에만 갇혀버린다. 집에 시험지를 가지고 가서 점수가 몇 점인지에 따라 상을 받거나 혼나지 않고, 어떤 문제에 어떤 실수를 했는지, 다음에 비슷한 실수를 하지 않기 위해서는 어떻게 공부를 하거나 조심해야 할지를 함께 이야기 나누었으면 하는 마음에서였다.

30년을 가까이 살아온 나도 아직 모르는 것투성이고 매사에 걱정이 되곤 한다. 특히나 해보지 않은 분야나 새로운 길을 개척해야 하는 경우에는 더욱 그렇다. 인생 10년 차 아이들에게는 대부분의 일들이 해보지 않은 것이다 보니 걱정거리가 많을 수밖에 없다. 모든 어른들에게 "아이들이 적당히 고민하고 걱정하고 심사숙고하며 하나씩 극복해보는 연습을 할 수 있도록 도와주자"는 말을 하고 싶다. 창의적 인재육성을, 자주적인 어린이를 키우겠다는 학교에서도 가정에서도, 사소한 것 하나하나를 어른이 해결해주는 환경을 만들어버리면 아이들은 그렇게 자라날 테니 말이다.

학생들의 하루를 들여다보는 비밀스러운 방법

초등학교 때 가장 기억에 남는 일과는 일기 쓰기였다. 나는 일기 쓰기를 참 싫어했던 것 같다. 매일 쓸 말도 없는데 한 장을 꽉 채워 써야 했으니 말이다. 그래서 보통 '나는 오늘 일어나서 학교에 가서 공부를 하고 친구랑 놀다가 학원에 갔다가 저녁으로 뭐를 먹고 집에 왔다'의 형식으로 이루어져 있는 일기를 쓰곤 했다. 마지막은 항상 이랬다. '참 재미있었다.'

그럼에도 불구하고 일기 쓰기의 중요성을 느끼는 때가 있다. 종종 집에 있는 책꽂이나 방을 정리하다가 보면 예전에 쓰던 일기장을 훑어보게 될 때가 있다. 이제 와 보면 굉장히 재미있다. 이런 일이 있었구나 싶으면서도 일기를 쓰길 잘했다는 생각을 하곤 한다. 선생님들이 일기를 괜히 쓰라고 한 게 아니었구나 싶은 마음도 들긴 한다.

이제 내가 선생님이 되었기에 아이들에게 일기를 어떻게 어떤 방식으로 쓰도록 해야 할지를 정해야 하는 상황이 되었다. 담임을 맡은 첫해부터 지금까지 쭉 해 오고 있는 방식이 있다. 아이들이 매일매일 지겨워하지 않아도 되고, 쓸데없이 반복되는 말을 매일같이 적지 않아도 되는, 그리고 나중에 언젠가 글을 읽어볼 때 무언가를 느낄 수 있도록 하는 방법을 생각해보았다.

나는 『조선왕조실록』 같은 역사서를 생각해보았다. 아이들에게 있었던 중요한 일을 느낌과 함께 분량 걱정 없이 적어보라고 했다. 한 줄을 적고 싶은 날은 한 줄을 적고, 네 줄을 적고 싶은 날은 네 줄을 적으면 된다. 하고 싶은 말이 많아서 한 장을 꽉 채우고 싶은 날에는 한 장을 꽉 채워 써도 된다. 따라서 기존의 방식처럼 한 페이지에 한 편의 일기를 쓰는 방식을 버렸다. 모든 일기는 줄 글로 이어서 쓴다. 대신 날짜를 구분하기 위해서 매일 일기를 시작할 때 '9월 28일'처럼 날짜를 쓰고 시작하도록 했다. 정 쓸 말이 없는 날이 분명히 있을 것인데, 그런 날에는 일기를 쓰지 않아도 된다고 했다.

매일 쓸 말이 없다고 일기를 쓰지 않으면 내가 계획한 의미가 사라진다. 그래서 일주일의 자기 이야기를 모아서 공책 한쪽을 채워오기로 했다. 하루에 한 줄에서 네 줄 정도 쓰다 보면 한쪽을 채우기란 정말 쉬운 일이다. 매일매일 크게 부담 갖지 않는 선에서 의미 있는 기록을 남길 수 있었다. 하지만 언제나 그렇듯 모든 아이들이 한쪽을 전부 채워오는 것은 아니었다. 쓸 말이 정말 없었다며 반을 채워오는 학생들도 많았다. 그래서 또 다른 방법을 생각해보아야 했다.

매주 금요일에 나누어주는 주간학습안내 상단에 '이번 주 글쓰기 주제'라는 칸을 만들어 한 줄짜리 주제를 소개했다. 대단한 것이 아니라 아이들이 재미있어하면서 상상할 수 있는 그런 주제들을 적어주고 있다. '갑자기 내가 투명인간이 된다면?' '교실에 매점이 생긴다면?' '자기 이름으로 삼행시를 지어본다면?' '내가 원하는 일주일 치급식 식단표를 짜 보면?'과 같이 재미있으면서 부담 없는 주제를 매주 제시하고 있다. 때로는 학교에서 이루어지는 활동과 관련하여 주제를 제시하기도 한다.

아이들에게 "일 년이 지나고 나면 공책이 꽉 차지는 않겠지만, 여러분의 하루하루가 담긴 역사책이 완성될 것입니다"라고 소개했다. 이제 일 년 가까이 이러한 일기 쓰기를 이어나가고 있는 우리 반 아이들은 정말 다양한 모습을 보인다. 쓰고 싶은 말이, 소개하고 싶은 말이 많아서 매주 2~3장을 줄 글로 이어서 써오는 학생도 있고, 글쓰기 주제까지 포함해도 반을 간신히 넘기는 학생들도 있다. 분량을 내가 정해주기는 했지만 분량을 넘기거나 부족한 것 가지고 한 번도 이야기해 본 적은 없다. 그 아이도 사실 그만큼을 써가면서 얼마나 많은 고민을 하고 생각을 했겠나 싶은 생각이 들어서다.

나도 매년 종이에, 컴퓨터에, 태블릿에 일기를 써 보겠다고 다짐을 하지만 쉬운 일이 아니다. 최근에는 나도 한 줄씩 매일 기록을 남기자고 계획을 변경하였는데도, 그마저도 쉽지 않았다. 아이들은 얼마나 더 힘들까. 순순히 나의 일기 쓰기 방식에 따라주고 열심히 쓰고 있는 아이들에게 갑자기 굉장히 고마워진다.

영차 영차 가을운동회를 기대하셨다면

가을운동회를 했다. 그중에서도 저학년 운동회를 했다. 우리 학교
는 매번 연달아 이틀 동안 운동회를 한다. 하루는 저학년 운동회로
1~3학년이 참여하며, 다음날은 고학년 운동회로 4~6학년이 참여한
다. 운동회를 한꺼번에 하기에는 학생 수가 너무 많은 데다가 운동장
의 크기는 작은 편이라 부득이하게 나누어 진행하고 있다.

나누어 진행하는 방식에는 나름의 부작용이 있다. 저학년이 운동
회를 하는 동안 고학년은 시끄러운 소리와 외부인의 방문 때문에 수
업을 제대로 할 수 없다는 점이다. 고학년이 운동회를 하는 경우에도
마찬가지다. 그러한 문제로 우리 학교는 2학기 현장체험학습을 운동
회와 함께 실시하기로 결정했다. 저학년이 운동회를 하는 동안 고학
년은 현장체험학습을 떠난다. 다음날 고학년이 운동회를 하는 동안
저학년은 현장체험학습을 떠난다. 부담 없이 음향장비를 사용하고,

큰 소리로 응원을 해도 전혀 지장이 없다.

그럼에도 불구하고 이러한 운동회가 나는 마음에 들지 않는다. 보여주기에만 치중한 운동회라는 생각이 든다. 여섯 학년이 모두 함께 하는 학교라면 더욱 심하겠지만, 세 학년만 함께 하는데도 직접 참여하는 종목은 몇 개 되지 않고 대기 시간만 길어진다. 한 학년이 경기 활동을 하는 동안 나머지 두 학년이 할 수 있는 것이라곤 스탠드에 앉아서 지켜보거나, 개인 달리기를 하는 것뿐이다. 개인 달리기 또한 딱 한 번의 기회만 있기 때문에, 달리고 난 후에는 정말로 가만히 앉아있는 것밖에는 할 것이 없다.

그리고 종목에 대한 생각도 더 해보아야 할 것 같다. 서로 편을 갈라 공 던지기, 박 터뜨리기, 터널 통과하기 등의 놀이가 과연 무슨 의미가 있는지 궁금하다. 정말 스포츠 정신을 느끼고 배울 수 있는 종목인지, 아니면 함께 하는 협동심을 기르고 내면화할 수 있는 종목인지 의아하다. 그저 시간 맞추기에 집중한 결과로 생겨난 종목들이 아닌가 싶다. 이런 종목들에 '운동회'라는 행사 이름을 붙여서 학부모들을 초대하여 진행할 만한 필요성이 있는지부터가 의문이다.

중간 중간 학부모 경기, 어르신 경기가 포함되어 있다. 참여하는 가족 분들은 대부분 10~20명 정도다. 세 학년을 합쳐 500명에 가까운 학생들이 참여하는 운동회 종목으로 과연 적절한가 싶은 생각이 든다. 자신의 부모님, 조부모님이 참여하는 학생들은 물론 아주 즐거워하고 뿌듯해할 것이다. 다만, 무더운 날씨에 자신이 직접 참여하는 종목은 몇 개 되지도 않는 아이들이 대다수인 가운데, 꼭 그러한 경기로 얼마 없는 시간마저 채울 필요가 있을까 싶은 마음이 든다.

매년 이러한 운동회의 문제점은 제기되고 있고, 이를 위한 협의는 항상 이루어진다. 그럼에도 단 한 번도 바뀌거나 개선되어 진행된 적이 없다. 분명 이러한 의견은 항상 여러 선생님들이 제시하는데, 어째서인지 최종 결과를 보면 그렇지가 않으니 말이다.

나는 개인적으로 부모님을 초대하지 않는 아이들만을 위한 운동회를 열어주는 것이 더욱 바람직한 것 같다. 보여주기 식으로 바람을 한껏 넣어 부풀린 풍선들은 다 치워버리고, 하루 정도 날을 정하여 학년의 모든 학생들이 번갈아가며 참여할 수 있도록 다양한 종목들로 구성하는 운동회를 만드는 것이 좋을 것 같다. 거창하게 축구, 줄다리기, 피구 같은 종목도 좋다. 그리고 많은 아이들이 좋아하는 술래잡기, 눈 감고 채기 등의 놀이도 돌아가면서 참여한다면 좋을 것이다. 장담컨대 어른들은 "이게 뭐야?" "이건 안 돼!"라는 의견을 낼지 모르겠지만, 아이들만큼은 "최고다!"라는 의견을 낼 것이 분명하다.

오늘도 그저 그런 힘든 운동회를 끝냈다. 끝내고 나니 정말 허무했다. 우리 팀, 상대 팀의 점수만 남았을 뿐이다. 10살짜리 아이들 입에서조차 "이건 운동회가 아니라 '개고생회'예요"라는 말이 나올 정도라면 어른들이 한 번 더 진지하게 생각해 보아야 할 것이다. 보여주기식 진행과, 지금까지 그래 왔다는 관행을 모두 내려놓고 말이다.

매번 긴장되는 현장체험학습

현장체험학습을 다녀왔다. 전날 운동회를 하고 난 직후라 사실 아침부터 몸이 너무 피곤했다. 우리 학년은 학교에서 두 시간 정도 거리에 있는 용인 한국민속촌에 가기로 되어 있어, 아침 일찍 학교에 가야 했다. 이번 꼭지에서는 현장체험학습 때 가장 신경 쓰는 부분과 아쉬웠던 부분에 대해 이야기를 해볼까 한다.

현장체험학습의 최고 주안점이라고 한다면 물론 안전일 것이다. 안전하고 즐거운 현장체험학습을 위해 미리 사전답사를 진행한다. 관계자와의 회의를 통해 일정을 조율하고 실제 코스를 직접 돌아보며 안전 상 주의해야 할 장소와 내용에 대하여 파악한다. 그를 통해 사전답사 보고서를 만들어 다른 선생님과 공유하곤 한다.

아이들에게도 안전에 대한 이야기를 꾸준히 반복하여 말해 주어야 한다. 보통 현장체험학습을 실시하기 며칠 전부터 안전교육 시간을 마련하여 꾸준히 알려주고 있다. 이번 민속촌 체험학습 같은 경우에는 부지가 넓고 정말 많은 학교에서 모여드는 곳이기에 더욱 아이들에게 여러 차례 반복하여 안내해야 했다. 함께 지도를 살펴보면서 우리가 가볼 길도 안내해 주었다. 답사를 진행하면서 찍었던 사진을 함께 살펴보며 궁금증도 키우고, 안전에 대한 인식도 다잡을 수 있도록 하였다.

아이들뿐 아니라 학부모에게도 여러 차례 안내를 하곤 했다. 저학년이라는 특성상 아이들 스스로 무언가를 준비하고 챙기기는 어려운 것이 사실이다. 안내장과 알림장, 학급 SNS 앱을 이용하여 지속적으로 안내를 했다. 준비물, 주의사항, 아이들에게 미리 집에서 안내해 주어야 할 사항들에 대해 지겨울 정도로 반복하여 안내한 것 같다. 덕분에 준비물을 챙겨 오지 않은 아이도, 시간을 지키지 않은 아이도 없었으니 참 다행이었다.

아침 일찍부터 두 시간을 이동해야 하는 것이 사실 가장 큰 걱정이었다. 보통 3~4학년까지는 멀지 않은 곳을 다녀오곤 하는데, 어쩌다 보니 3학년인 우리 아이들과 비교적 먼 거리에 있는 민속촌에 다녀오게 되었다. 멀미를 심하게 하는 아이도 많고, 멀미약으로 인한 어지러움이 심해 멀미약조차 먹지 못하는 아이들도 있었다. 버스가 출발하면서 기사님께서 버스의 조명을 모두 꺼 주셨다. 덕분에 아이들 의자를 뒤로 눕혀주며 "이른 아침이라 피곤할 텐데 한숨 자자~ 눈 뜨면 도착해 있을 거야!"라고 말할 기회가 생겼다. 멀미가 심한 아이들이 바로 잠에 들어 별다른 멀미 걱정 없이 이동할 수 있었다.

또한 다른 친구들에게도 충분히 이해할 수 있도록 부탁을 했다. 버스에서는 목이 마를 때 마시는 물 말고는 다른 과자나 간식을 먹지 않기로 했다. 작은 냄새도 멀미를 하는 친구들에게는 큰 어지러움과 울렁거림으로 다가갈 수 있다는 이야기를 했더니 간식을 먹는 학생은 없었다.

아이들과의 이동에서 또 한 가지 걱정되는 부분이 화장실 문제다. 가족끼리 이동하거나, 개인적으로 여행을 하는 경우라면 얼마든지 가까운 휴게소에 들러 화장실을 다녀올 수 있다. 버스에는 각 반끼리만 탑승하더라도 여러 반이 함께 움직이는 이러한 일정에서 화장실은 더욱 어려운 문제가 되곤 한다. 학교에서 출발하기 전에 모두가 화장실을 다녀오도록 안내하여도, 휴게소에서 화장실에 가고 싶은 마음이 없어도 혹시 모르니 다녀올 수 있도록 안내하여도, 아이들은 휴게소 출발로부터 얼마 지나지 않아 화장실에 가고 싶다는 이야기를 하곤 한다.

화장실을 두 번이나 다녀왔는데도 화장실에 가고 싶어졌다는 학생이 있었다. 정말 운이 좋게도 1~2분 거리에 휴게소가 있었다. 기사님께 말씀을 드려 휴게소에 잠시 들렀다. 다른 아이들이 자기도 화장실에 가고 싶다며 우르르 따라 내리지는 않을까 걱정했지만, 다행히도 그 학생과만 잠시 화장실에 다녀올 수 있었다.

이른 시간부터 이동하는 스케줄을 보냈으니 나뿐 아니라 아이들에게도 피곤한 일정이었을 것이다. 더군다나 예상치 못한 비가 내리고, 바닥이 진흙탕이 되어버리는 바람에 더욱 힘들고 피곤했을 것이다.

그래도 힘들다고 투덜대는 가운데서도 친구들이랑 함께하는 나름의 재미를 찾아 깔깔거리는 아이들을 보니 힘든 일정이지만 함께 오기를 잘했다는 생각이 들었다. 아이들을 위한 현장체험학습인 만큼 아이들이 만족하는 모습을 보니 나름의 목적은 달성한 게 아닐까 하는 생각을 하게 되었다.

세 개의 도장

예전부터 선생님 하면 생각나는 것이 바로 도장이었다. 내가 초등학생일 때부터 선생님들은 일기장에, 수학익힘책에, 방학숙제에 푸른색 도장을 쾅 찍어주곤 하셨다. 그 당시에는 도장 디자인도 많지 않았다. '참 잘했어요'라거나 '검'이라고 딱딱한 기본 글씨체로 쓰인 도장뿐이었다. 그 도장이 찍혀 나에게 다시 돌아온 일기장과 숙제를 바라보면 큰일을 해낸 것처럼 뿌듯하고 안심이 되었다.

시간이 흘러 내가 대학을 졸업하고 발령을 기다릴 때 그 도장 생각이 문득 들었다. 어디에 발령을 받게 될지, 어떤 학년을 맡게 될지, 하다못해 담임을 맡게 될지 교과 전담을 맡게 될지도 모르는 상황이었지만 어찌 됐건 초등학교 교사이기 때문에 도장 하나쯤은 미리 준비해서 나쁠 게 없겠다는 생각을 하게 되었다. 인터넷에 도장을 검색해보고는 눈이 휘둥그레졌다. 더 이상 '검'이라던가 '참 잘했어요'라는 글자가 덩그러니 쓰여 있는 차가운 느낌의 도장은 인기가 없었다.

여기저기 사이트를 돌아다니며 살펴본 후에 나는 하나의 도장을 주문하였다. 나를 많이 닮지는 않았지만 가장 비슷한 캐릭터가 활짝 웃으며 두 팔을 쫙 펴고 있는 도장이었다. 캐릭터 위쪽으로는 '참! 잘했어요'라는 문구가 둥그렇게 들어가 있고, 아래쪽에는 내 이름을 이용하여 'OOO 선생님'이라는 문구가 적혀 있는 도장이다. 도장을 배송받고서 혼자 뿌듯한 마음에 여기저기 찍어보며 기분 좋아했다.

이 도장을 바로 학교에서 사용할 기회는 없었다. 첫해에 교과 전담을 맡게 되었는데 실과와 도덕이었다. 사실 숙제도 별로 없는 과목이고, 실습과 활동 위주의 수업이라 도장을 사용할 일이 정말 없었다. 그 해가 지난 후에는 군대에 가기 위해 휴직을 하였고, 복직을 해서도 몇 달 동안 체육 전담을 맡았다. 더욱 도장을 사용할 기회가 없어진 것이다. 그다음 해 처음으로 담임을 맡게 된 후에야 도장을 찍어볼 기회가 생겼다. 아이들이 일기를 써 올 때, 수학익힘책을 풀어서 나올 때, 함께 해결하는 학습지를 완성하여 가지고 올 때 등, 도장을 찍을 수 있는 때면 어김없이 쾅쾅 찍고는 했다.

그러던 중 또 한 가지의 도장이 필요하다는 생각이 들었다. 아이들에게 사용하는 도장이 아니라 선생님들에게 사용하는 도장이다. 아이들이 가정에서 체험학습을 다녀오겠다는 신청서와 보고서를 낼 때, 결석을 한 뒤에 결석계를 낼 때, 아이들의 학년 말 생활기록부를 마무리하여 작성할 때 등 은근히 나의 서명이 필요한 경우가 많았다. 매번 이름을 써서 결재를 할 수도 있지만, 공식적인 문서인 데다가 학부모들에게 배부되는 경우도 많아 도장이 있으면 좋겠다는 생각이 들었던 것 같다.

그렇게 또다시 인터넷 도장 업체들을 군데군데 들여다보았다. 동그란 빨간 테두리가 있고, 그 안에 'OOO인'이라고 딱딱하지도, 너무 자유롭지도 않은 서체로 새겨진 도장을 선택했다. 그 후로 이 도장을 정말 많이 사용했다. 아이들이 조퇴를 할 때 학교보안관 선생님께 드릴 확인서에, 결석계에, 현장체험학습 신청서와 보고서에, 학기말 통지표에, 아이들 생활기록부에 찍었다. 서명이나 도장이나 크게 다를 바 없겠지만 마음만큼은 더 뿌듯했다.

마지막 도장은 꼭 필요해서 구매했다기보다는 보는 순간 혹하는 마음에 구매하였다. 바로 감정 도장이다. 머리카락, 얼굴형, 어깨까지의 몸통만 그려진 도장이며 눈과 입 등 얼굴 표정은 텅 비어있다. 즉 도장을 찍고 눈과 입을 마음대로 그려 감정을 표현할 수 있는 것이다. 주로 일기장을 보며 아이들의 이야기에 공감한다는 것을 표현하기 위해 구매하였다. 보통은 아이들이 일기에 신나거나 즐거웠던 이야기를 적기 때문에 그 도장도 웃는 얼굴로 완성될 때가 많다. 나는 주로 도장을 찍고 표정을 그린 후에 옆에 말풍선이나 생각 풍선을 그리곤 한다. 거기에 내가 하고 싶은 말이나, 생각을 적어서 표현하면 그냥 일기에 한 줄 코멘트를 다는 것보다 조금은 따뜻하게 전달되는 기분이 든다.

이렇게 나는 세 가지의 도장을 요리조리 잘 사용하고 있다. 이제 도장은 편리하면서도 따뜻하게 감정을 전해주는 역할까지 하는 것 같다. 내가 초등학생일 때 차가운 느낌으로 찍힌 도장을 보면서도 뿌듯함과 성취감을 느꼈으니, 지금의 아이들은 조금 더 따뜻해진 도장을 통해 더 많은 것을 느끼지 않을까 싶다. 도장을 통해 진심이 전달되었으면 좋겠다.

선생님, 자리 언제 바꿔요?

아이들의 짝꿍과 모둠 등 자리를 바꾸었다. 솔직히 자리를 바꿀 때마다 스트레스를 엄청 받는다. 이것저것 고려해야 할 것들이 너무나도 많다. 시력, 앉은키, 짝꿍이나 같은 모둠을 했던 경험, 아이들의 성향, 친구 관계들을 고려하여 항상 어떻게든 짜 맞추어 나가는 모양새다. 기본적으로 자리는 한 달에 한 번씩 바꾸는 것을 원칙으로 했다. 이번 달 같은 경우에는 월초에 이런저런 행사들이 많아 교실에서 수업을 한 날이 별로 없었다. 그래서 매월 첫날에 바꾸기로 한 약속을 부득이하게 일주일 정도 미루게 되었다.

내가 가장 우선으로 생각하는 자리 바꾸기의 조건은 수업 분위기다. 교실에서 지내다 보면 특정 둘 이상의 친구들이 가까운 거리에 모여 앉았을 때, 엄청난 효과를 발산하는 경우가 많다. 그럴 때마다 나는 아차 싶은 마음이 들곤 한다. 그래서 자리를 정할 때 짝꿍들의 관계, 모둠원들의 관계, 앞 뒷사람들의 관계를 꼼꼼히 살펴보려고 노력한다. 특정 친구들이 수업시간까지 필요 이상으로 가까운 자리에 앉아서, 수업 이외의 것에 과도하게 반응하지 않도록 하는 것이다.

그 다음으로 중요하게 보는 것은 새로운 친구와의 만남, 그리고 소통이다. 1학기 때는 어찌어찌 잘 구성이 되었다. 6~7모둠으로 구성되는데 매달 자리를 바꾸다 보니 이제는 안 앉아본 친구가 없을 정도다. 아이들은 "선생님! 저 쟤랑 벌써 두 번이나 같은 모둠 했어요!"라고 하소연을 하기도 한다. 하지만 별 다른 방법이 없다. 너무 심할 정도로 자주 겹치는 학생들이 또 모여 있게 될 경우에는 자리를 임의로 옮겨주고는 하지만, 대부분의 경우에는 어쩔 수 없다는 상황 자체를 다시 한 번 설명해주곤 한다.

그리고 추가적으로 고민해야 할 것이 시력이다. 보통 시력을 가장 우선순위로 두는 경우가 많다. 나도 그랬다. 하지만 그러다 보니 매번 앞에 앉아야 하는 학생들이 늘어가고, 중간부터 뒷자리까지만 앉게 되는 학생들이 고정되어갔다. 그래서 아예 모든 책상 배치 자체를 답답하지 않은 선에서 최대한 앞으로 당겨왔다. 덕분에 맨 뒷줄에 앉게 되더라도 교실 중간선을 살짝 넘기거나 하는 정도다. 물론 이렇게 조치를 취함에도 시력 때문에 앞쪽에 앉아야 하는 학생들이 있다. 그런 경우에 조금씩 양해를 구해 자리를 배치하곤 한다.

자리 바꾸기에 대한 이러한 고민은 누구나 하고 있는 듯하다. 하다 못해 자리 바꾸기에 대해 방법과 노하우를 알려주는 내용의 연수도 있다. 순서대로 돌아가게 배치하는 모둠, 아이들이 가상의 경매를 하는 과정에서 정해지는 자리, 또 비밀스럽게 모두가 자리를 정한 뒤 한 번에 밝혀지는 재미난 방식도 있다. 나도 이런저런 방법을 공부하고 적극적으로 받아들여서 시도해 본 적이 많다.

이런저런 시도 끝에 나는 자리 배치를 아이들이 없는 사이에 내가 정한다. 아이들은 랜덤으로 자리를 배치해주는 컴퓨터 프로그램을 이용하는 줄 알지만, 사실은 나의 의도대로 정하는 편이다. 여러 해 경험을 해 본 결과 이렇게 하는 것이 가장 부담이 적었다. 아이들의 불만도 적었다. 지금도 방학을 앞두거나, 특별한 일이 있는 때에는 앞서 말한 다양한 방법을 이용하여 자리를 아이들과 함께 정하기도 하는데, 평상시에 운영하기에는 나도, 아이들도 부담감을 많이 느끼곤 한다.

한 달에 한 번 있는 자리 바꾸기 이벤트는 아이들에게는 가장 중요한 일이다. 같이 앉게 되는 짝이나 모둠원이 어떠냐에 따라 학교에 오고 싶은 마음도 달라지고, 수업에 집중하는 정도도 달라지기 때문이다. 그래서 나는 자리배치 결과를 조금 더 부드럽고 유쾌하게 전달하려고 신경을 쓰곤 한다. 마치 복권을 사고 하나하나 긁어나가는 마음처럼, 행사장에서 경품 추첨을 하는 것처럼, 나의 마니또가 누구였는지 밝혀지는 그 순간처럼 긴장되면서도 즐거운 분위기에서 전달하고자 한다.

이러한 과정을 모두 거치고 나면 나는 힘이 쫙 빠져 버린다. 그냥 될 대로 되라는 듯 매번 자유롭게 앉도록 하고 싶은 마음도 굴뚝같다. 하지만 그렇게 했을 때 내가 마주하게 될 상황이 너무나도 겁이

난다. 앞으로도 복잡하고 신경이 많이 쓰이는 자리 바꾸기를 매달 하게 될 것이다. 그리고 언제나 그래왔듯 모두가 만족하지는 못하더라도 납득할 수 있는 결과를 만들어낼 것이다.

학교가 두렵지 않아요

나는 매년 아이들을 처음 만나는 날 아이들에게 한 장의 편지를 건네준다. 간단한 인사말과 함께 아이들에게, 그리고 학부모들에게 전하고 싶은 짧은 내용의 편지가 담겨있다. 내가 일 년을 아이들과 지내면서 가장 중점을 두고 싶은 부분을 미리 알려주려는 것이다. 나는 세 가지 두려움만 없었으면 좋겠다고 전한다.

첫 번째로, 나는 아이들이 선생님에 대한 두려움이 없는 한 해를 보냈으면 좋겠다고 적는다. 이는 선생님에 대해 두려움, 공포감을 없애자는 의도이지 기본적인 예절과 배려마저 내려놓도록 하는 것은 아니다. 선생님이 지나치게 권위적이거나 무서운 분위기를 풍긴다면 아이들은 선생님의 말을 잘 듣고 마치 짜여진 듯 행동할 것이다. 그 결과 원활하게 학급이 돌아갈 것이다. 하지만 그렇기만 한 분위기 속에서는 제대로 된 소통과 관계 형성이 어려울 것 같다는 생각을 했다. 아무리 학생 위주의 수업을 하고, 학생들 간의 상호 활동을 통한 배움을 추구한다고 해도 교사의 역할은 무시할 수 없다. 선생님이 사실상 매시간 모든 활동과 수업을 안내해야 하는 상황에서 교사에 대한 두려움이 크다면 과연 내실 있는 활동을 이어나갈 수 있을까 의문이 든다.

두 번째로 수업에 대한 두려움이 없는 한 해를 만들고 싶다고 적는다. 아이들의 가장 큰 스트레스는 공부다. 학교에서도 공부를 하고, 학원에서도 공부를 해야 하니 말이다. 더군다나 집에서 부모님들은 시험 점수에 크게 반응을 하는 듯하다. 그러다 보니 아이들은 공부에 대해 '즐거운 활동을 하며 자연스레 배우는 과정'이라는 생각보다는 '좋은 시험 점수를 받기 위한 지루하고 무서운 과정'이라고 생각하는 경우가 참 많았다. 아이들이 공부 자체에 대한 부담과 두려움을 최대한 갖지 않도록 하기 위해 한 번이라도 더 연구하고 고민하여 학습의 소재거리를 바꾸어나갔다. 되도록 일방적인 전달식, 강의식의 수업보다는 참여하고 활동하고 직접 체험하는 수업을 해보기로 했다. 아이들의 지금 단계에서 가장 관심 있는, 또 수업에 접목할 수 있는 여러 소재들을 이용하여 수업을 재구성했다. 그럼에도 불구하고 수학이나 사회에서 풀이하고 개념을 이해하는 데 어려움을 겪는 학생들은 분명 있다. 하지만 공부 자체가 하기 싫어서 힘들다고 주저앉는 학생들은 확연히 줄어든 것 같다.

마지막 두려움은 바로 친구들에 대한 두려움이다. 친구들, 그리고 친구들과의 관계에서 오는 두려움을 없앤 한 해를 만들고 싶은 것이다. 친구들에 대한 두려움이 내가 생각하는 가장 큰 두려움이다. 선생님이 무서운 것, 공부가 하기 싫은 것과는 비교할 수조차 없다. 조금 과장해서 말하면 아이들에게는 친구가 전부다. 친구와의 관계는 아이들의 기분, 몸 상태, 학습능력, 방과 후의 활력에까지 영향을 주는 가장 큰 요인이다. 친구랑 관계가 조금이라도 틀어지거나 흥미를 잃어버린 경우에 아이들은 흔히 "학교 가기 싫다"는 말을 부모님에게 하곤 한다. 강제로 학생들을 무리 지어 친구를 만들어 주거나 모든 활동을 친구들이랑 하라고 강요하는 것은 절대 아니다. 다만 아이들의 특성과 성향에 따라 자유롭게 관계를 형성하여 생활하되, 지나친 단짝 관계만을 굳혀버리거나, 아무와도 교류가 없는 아이들에게 조금씩 변화할 수 있는 기회를 주는 것이다.

이렇게 올해도 학급 운영을 하고 있다. 가장 먼저 그리고 많이 피드백이 돌아오는 것은 첫 번째와 두 번째 내용에 대한 것들이다. 주로 학부모님들을 통해 이야기를 전해 듣곤 한다. 학부모 상담 때 이야기를 해주시거나, 종종 문자로 이야기를 해 주시는 경우가 많다. '아이가 집에서 선생님 이야기를 참 많이 해요~ 선생님이 너무 좋으셔서 학교 가는 게 너무 좋다고 이야기를 많이 한답니다. 선생님께 감사합니다~'와 같은 문자를 받을 때 그래도 내가 옳은 방향으로 잘 가고 있다는 것을 다시 한 번 깨닫고 힘을 얻게 된다. 세 번째 내용인 친구들에 대한 두려움은 오랜 시간에 걸쳐 조금씩 조금씩 변화하는 특징을 가지고 있다. 아직까지도 교실에서는 친구들과 틈만 나면 다투고 싸우는 일이 잦다. 하지만 학기 초에 비해서 서로가 조금씩 맞추어지는 느낌이 들곤 한다. 서로가 상대방을 조금 더 이해하며 생활하려는 모습을 보여줄 때마다 공부, 선생님, 친구들에 대한 두려움이 완전히 사라지는 행복하고 평화로운 교실이 머지않았다는 것을 느끼곤 한다.

겨울방학을 하는 날, 아이들과 마지막 인사를 하고 헤어지는 날, 비로소 세 가지 두려움이 모두 사라진 완벽한 반이 될 것이다. 그리고 또 새로운 반에서 한 해에 걸쳐 이러한 노력을 하게 될 것이다. 그것이 교사의 일이고, 내가 해야 하는 일이다.

왜 자유시간에 인색했을까요

담임을 맡으면서 아이들과 조금은 자유롭게 사용할 수 있는 시간들이 종종 생기곤 한다. 날씨가 좋은 날에는 운동장에 나가서 함께 놀이를 하기도 하고, 체육시간에 함께 나가서 여러 가지 활동들을 함께 하기도 한다. 올해는 내가 맡은 3학년에 체육을 전담하는 선생님이 계셔서 아이들과 체육시간을 함께 하지 않는다. 그러다 보니 아이들과 바깥에서 시간을 보내는 횟수가 현저하게 줄었다.

오늘 마지막 교시에 과학수업을 했다. 흙에 대해서 배우는 단원에 깃발 지키기 놀이가 소개되어 있었다. 모래를 높이 쌓아 놓고 깃발을 가운데 꽂는다. 그리고 친구들이 순서를 정해서 원하는 양의 모래를 자기 앞으로 끌어온다. 순서에 맞추어 진행하다가 마지막에 깃발을 쓰러뜨리는 사람이 지는 방식의 놀이다. 머릿속에 '오늘이 좋은 기회다'라는 생각이 번뜩였다.

아이들에게 수업 시작하며 가방을 모두 싸라고 했다. 아이들은 의아해했다. 수업이 모두 끝난 후에 나누어주던 안내장도 미리 나누어주었고, 가방을 모두 싼 다음에 설명을 해 주었다. 아이들이 신나할 줄은 알고 있었지만 이렇게까지 격하게 좋아할 것이라고는 생각하지 못했다. 마지막까지 놀러 가는 게 아니라 바깥에서 공부하러 나가는 것임을 알려주고는 놀이터로 향했다.

모둠 친구들끼리 깃발을 나누어 받아 놀이를 하도록 했다. 정말 오랜만에 야외에서 아이들이 활동하는 사진도 찍었다. 놀이라는 게 몇 번째 판까지는 신나고 재미있지만 계속 반복해서 하다 보면 질리기 마련이다. 돌아다니며 아이들이 활동하는 모습을 지켜보고, 안내해주던 나도 이 한 가지 활동만으로 40분 수업을 모두 채울 수는 없겠다는 생각이 들었다. 그래서 오랜만에 아이들과 운동장에 나온 김에 겸사겸사 놀이터에서 자유롭게 함께 놀기로 마음먹었다. 아이들이 점점 반복된 놀이에 지루해할 때쯤 이렇게 외쳤다.

"모둠 친구들끼리 이쪽으로 와서 친한 포즈로 사진 찍으면 그 모둠부터 자유시간입니다~"

아이들은 하던 놀이를 다 제쳐두고 모둠끼리 와서 사진을 찍었다. 왜 진작 이렇게 자유로운 시간을 함께하지 못했을까 하는 마음이 들었다. 아이들이 너무 밝은 모습으로 너무나도 아름답게 사진을 찍었다. 문득 하루 종일 아이들이 교실 안에서 얼마나 답답하고 지루했을까 하는 생각이 들기도 했다. 아이들은 그렇게 놀이터에서 서로서로 즐거운 시간을 보냈다.

나는 카메라를 켜서 아이들이 노는 모습을 하나씩 사진에 담았다. 단 한 명도 찡그리거나 답답한 표정을 짓는 사람은 없었다. 모두가 함박웃음을 짓고 있었다. 평소에 사소한 문제로 투덜거리고 짜증을 많이 내던 학생도 그 시간만큼은 친구들과 어우러져 예쁘게 웃었다. 이유 없이 친구를 툭툭 건드리고 장난치던 학생은 철봉에 매달리려고 노력하는 친구를 도와주고 있었다. 즐거워하는 아이들을 보니까 반성하는 마음이 많이 들었다. 아이들은 아이다워야 한다고 생각했으면서도 그렇게 아이다움을 보여줄 기회를 주지 못했던 지난 학기가 생각이 났다.

10분의 자유시간 동안 100장에 가까운 사진들을 찍었다. 사진을 찍으면서도 내가 너무 설렜다. 덩달아 신이 난 것이다. 사진을 찍어주면서 같이 시소를 타기도 하고, 철봉에 매달리기도 하며 함께하는 시간을 보내다 보니 기분도 새롭게 전환이 되는 듯했다. 아이들과 선생님이 모두 스트레스 없는 즐거운 시간을 보내고 서로가 웃음으로만 대화하고 소통하는 순간들이 너무 좋았다. 날이 더 추워지기 전에 아이들과 종종 이런 시간을 만들어야겠다는 생각이 넘쳐흘렀다. 조금씩 서로가 행복해지는 방법을 알게 된 것 같아서 의미 있는 하루였다.

믿음이의 특별한 생일 선물

일 년에 한 번 있는 생일은 특별한 날이다. 어른들에게 지나간 수십 번의 생일이, 앞으로 다가올 다음 생일이 얼마나 특별하고 소중한지를 떠올려보면, 이제 갓 열 번째 생일을 맞이하는 아이들이 마주하는 특별함이 얼마나 클지 조금이나마 짐작해볼 수 있다. 오늘은 우리 반 장난꾸러기 믿음이의 생일이었다.

믿음이는 평소에 사소한 일에도 화를 쉽게 잘 내는 편이다. 본인은 마음속으로 '그러지 말아야지' 하며 수차례 후회를 한다고 한다. 그럼에도 친구와 갈등이 생길 때, 실수로 부딪혔을 때 어김없이 큰 소리를 내곤 한다. 거기에 모두의 관심을 받고 싶어 하는 성향을 가지고 있어서 선생님과 친구들의 눈에 띄는 행동을 종종 하곤 한다.

믿음이는 보통 학교에 8시 30분 이후에 도착하곤 한다. 나는 평소처럼 8시쯤 출근을 했는데, 교실에 도착하려는 순간 교실에서 인기

척이 들려왔다. 매일 일찍 등교하는 학생이 있어 그 학생인가 보다 생각하며 교실 쪽으로 걸어가는데, 코너에서 믿음이 얼굴이 빼꼼히 드러났다. 믿음이가 며칠 전부터 본인 생일이 언제라며 이야기를 했던 덕분에 머릿속에서 퍼즐이 열심히 맞추어졌다. 그리고 교실에 도착하자마자 나는 생일 축하한다고 먼저 이야기를 해 줄 수 있었다.

믿음이가 나에게 작은 포장 봉투에 담긴 사탕과 젤리를 보여주었다. 우리 반 친구들 모두에게 나누어주려고 27개를 포장해 온 것이다. 어제 오후 내내 사탕과 젤리를 고르고, 짧은 편지를 써서 작은 포장 봉투에 담아 넣느라 엄청난 시간을 투자했을 것 같았다. 그리고는 도착하는 친구들 한 명 한 명한테 일일이 봉투를 전해주고 있었다. 그러다가 친구들에게 더욱 빨리 전해주고 싶었는지 봉투가 가득 담긴 종이가방을 통째로 들고는 아예 신발장 앞까지 내려가는 것이었다.

아이들은 생일을 맞은 믿음이를 본인들이 챙겨주어야 하는데, 오히려 믿음이가 아이들에게 선물을 챙겨주니까 조금 당황한 듯했다. 믿음이가 먼저 선물을 다 나누어주고 교실로 돌아오면 모두 다 함께 '생일 축하한다'며 이야기하자는 의견이 나왔다. 그리고 잠시 뒤 아이들은 그렇게 했다.

믿음이에게 생일이란 어떤 의미였을까. 직접 물어보지는 않았지만 누구보다 행복하고 신나고 뿌듯한 날이었을 것 같다. 친구들에게 무언가를 선물할 수 있는 그런 특별한 날이었을 것이다. 친구들과 웃으며 대화하고 조금씩 더 친해지는 그런 돈독함을 느낀 날이었을 것이다. 믿음이에겐 오늘이 이번 학기 최고의 날이었을 것 같다.

사실 학교에서 담임을 맡으면서 생일을 따로 챙겨주기가 참 힘들다는 생각을 했다. 개인별로 생일 당일에 챙겨주는 것이 가장 좋겠지만, 학사일정상 그러지 못하는 시기에 생일을 맞는 학생들은 나름대로 섭섭할 것 같아 그러질 못했다. 한때는 한 달에 한 번 생일을 맞이한 학생들과 함께하는 간단한 파티를 한 적도 있지만, 그마저도 비슷한 이유로 당황스러운 일이 생기곤 했다. 올해는 축하한다는 이야기를 전해주고는 있지만, 별도로 아이들과 함께하는 이벤트를 진행하지는 않는다. 그럼에도 내가 마주했던 수많은 아이들의 생일 중에 스스로 가장 의미 있어 하는 날이 오늘이지 않을까 싶다.

믿음이는 오늘 오후에 친구들과 하기로 했던, 그렇게 기대하면서 며칠 전부터 친구들을 초대하면서 들떠했던 생일파티를 취소했다. 아쉬울 법도 하지만 믿음이는 더욱 즐거워하며 학교를 마쳤다. 가족들과 방과 후에 동해안으로 여행을 가기로 했다는 것이다. 친구와 가족들 모두에게 사랑받는 시간을 보낸 믿음이는 한동안 오늘, 자신의 열 번째 생일을 기억하고 그리워할 것이다. 다음 해, 그다음 해의 오늘과 비교하며 웃거나 울 수도 있다. 누구에게나 소중한 생일을 일 년에 30번 가까이 함께 겪을 수 있는 것 또한 이 직업의 장점이 아닐까 싶다.

애들아, 오늘은 봉사활동 하는 날이야

국어나 수학 등의 교과와는 별개로 교육과정 상에는 여러 가지 활동들을 정해진 시간만큼 하도록 되어 있다. 바로 '창체'라고 줄여 부르는 '창의적 체험활동'이다. 창의적 체험활동은 자율활동, 동아리활동, 봉사활동, 진로활동의 네 가지로 구분이 되어 있으며, 다양한 활동들을 자유롭게 할 수 있도록 해 주는 좋은 제도라고 생각한다.

아이들이 모두 하교한 뒤, 다음 주 주간학습안내를 작성하고 있는데 우리 앞 반 선생님이 바구니와 집게 30개를 교실로 가져다주셨다. 내일, 우리 반이 교내 청소 봉사활동을 하는 날이기 때문이다.

내가 학생일 때는 외부 기관에서 봉사활동을 어느 정도 이상 해야만 하는 제도가 있었던 걸로 기억한다. 물론 초등학교 때는 아니었던 것 같다. 중학생 때와 고등학생 때 봉사활동 점수를 따기 위해 동사무소나 우체국, 유치원 등 여러 기관에 가서 봉사활동을 했던 기억이

난다. 최근에도 그러한 제도가 운영되고 있는지는 잘 모르겠지만, 초등학교의 경우에는 그때나 지금이나 그러한 외부 봉사활동을 대체로 안내하거나 요구하지 않고 있다.

아이들이 일 년에 하게 되는 봉사활동, 즉 개개인의 생활기록부에 등재되는 봉사활동은 대부분 교내에서 실시하는 '창의적 체험활동'으로서의 봉사활동이 전부인 경우가 많다. 학생 개인이 학교 바깥에서 봉사활동을 실시하고 인증서를 가지고 온다고 하더라도, 그 활동 자체를 사전에 학교장에게 미리 승인받지 않았다면 입력 자체가 불가능하다. 그러한 경우가 많지 않기도 하지만 말이다.

대부분의 활동은 한 학기에 한 번 정도 작은 집게를 들고 학교 곳곳을 다니며 작은 쓰레기들을 줍는 활동이다. 화단에 누군가 버려둔 과자 포장지를 주워오고, 누군가 버린 끊어진 줄넘기를 주워온다. 놀이터 모래 속에 파묻혀버린 핫팩이나 먹다 버린 학교 앞 문구점 분식 용기를 주워오곤 한다. 이러한 활동을 하면서 아이들은 굉장히 즐거워한다. 교실 책상에 앉아 수업을 진행하지 않는다는 점에서 먼저 행복해하고, 쓰레기 줍기를 마치 놀이처럼 여기며 참여하곤 한다. 친구가 큰 쓰레기를 주워오면 지지 않으려고 더욱 주변을 샅샅이 훑어보곤 한다.

또 다른 활동은 바자회나 운동회처럼 학생 이외의 외부 손님들이 많이 오는 행사를 치르고 난 뒤에 실시한다. 저학년인지라 물품을 정리하고 쓰레기봉투를 가져다 버리는 어려운 일을 하지는 못한다. 그렇지만 우리가 맡은 작은 구역에 대해서 책임지고 청소를 하곤 한다.

이런 행사를 할 때, 학교에 방문하는 사람들은 분명 학생의 형제자매거나 부모님인 경우가 대부분인데도 참 많은 쓰레기들이 예상치도 못한 곳까지 파고들어가 있는 경우가 많다. 피곤함에 빨리 집에 가서 쉬거나, 친구들과 즐거운 놀이를 하며 간만의 여유로운 오후 시간을 보내고 싶을 텐데도 아이들은 참 열심이다.

한때는 이러한 것들을 그저 교육과정 상에 제시된 '봉사활동' 시간을 채우기 위해 억지로 하는 활동이라고 생각했었다. 그때는 내가 이러한 활동을 귀찮게 여겼기 때문일지도 모른다. 내가 딱 '하기 싫고 귀찮은데 해야 한다는 이유 하나 때문에 하는 행동'이라고 교내 봉사활동을 생각했기 때문이다. 그래서 나는 아이들도 이러한 활동을 당연히 싫어하고 귀찮아할 것이라 생각했다. 그런데 귀찮음과 다른 급한 일들, 또 여러 상황의 압박으로 정해진 날짜에 청소 활동을 하지 못하고 넘기기라도 하면 아이들은 "언제 청소해요? 왜 안 해요? 내일 할 거예요? 지금이라도 하면 안 돼요?"라며 질문공세를 퍼붓곤 했다.

그러자 나도 생각이 변했다. 함께 하다 보니 뿌듯하기도 했고, 심지어는 그 안에서 즐거움을 찾게 되는 때도 있었다. 학교가 깨끗해진다는 것이 우선 좋았고, 학교에 우리가 함께 도움을 주고 있다는 마음 자체가 좋았고, 자기 일처럼 열심히 하는 아이들을 보는 것도 좋았다. 물론 별로 없는 바깥나들이 자체가 좋기도 하고 말이다. 모든 사소하고 귀찮은 일을 놀이로 생각하며 열심히 참여하는 아이들을 보면서 나도 정말 많은 것을 느끼고 변화하게 되는 것 같다. 한 가지 작은 소원이 있다면 굳이 이렇게 순번을 정해 학교 내부를 청소하지 앉아도 될 만큼 깨끗한 학교가 되는 것이다. 그렇다면 일 년에 몇 번 없는, 몇 시간 할 수 없는 봉사활동 시간을 아이들과 조금 더 의미 있게 보낼 수 있지 않을까.

멀리서 바라보면 이것도 희극이겠죠

아이들과 생활하다 보면 기분이 좋아지는 일, 기분이 상하는 일이 수도 없이 교차하는 시간을 보내게 된다. 즐거움에 흐뭇해하며 뿌듯해지는 일도 많지만, 그만큼 감정을 소모하고 혼자 속상해하는 시간도 많기 때문이다. 아이들과의 관계나 생활 전반에서 지나치게 감정을 소모하거나 상처 받지 말라는 선배 교사들의 조언도 있지만, 그게 마음처럼 딱딱 끊어지지는 않는 터라 어려움이 상당히 있다.

대부분의 학급에는 장난꾸러기도 있고, 모범생인 아이도 있고, 친구들을 잘 이끄는 아이도 있고, 친구와 틈만 나면 싸우고 화를 내는 아이도 있다. 대부분 선생님들은, 마음속으로는 어떠한지 몰라도 적어도 겉으로는 모두에게 차별 없는 사랑을 주고 있을 것이다. 나 또한 그렇게 해야 한다고 배웠고, 그게 맞다고 생각하는 편이다. 누구에게나 같은 기회를 주고, 같은 만큼의 마음을 주고자 하는데도 솔직히 말하면 마음이 조금 더 가는 학생이 있기 마련이다.

누군가에게 이런 이야기를 하면 첫 반응은 "그럴 수 있지"다. 나는 사실 속으로 깜짝 놀랐다. "선생님이 그러면 안 되는 거 아냐?"라는 반응이 대부분일 줄 알았는데, 아직 그런 반응을 보이는 사람은 만나보지 못했다. 선생님들도 사람이기에 그런 생각이 들 수 있다는 것에 다들 이해를 하는 것 같다. 다만 가장 중요한 부분은 그 마음이 행동이나 반응으로 이어지지 않도록 하는 것이다. 행동으로 이어지는 그 순간 '편애', '차별' 등의 마음 아픈 낱말들을 마주하게 될 것이다.

"그럴 수 있지"에 이은 다음 반응은 "말 안 듣는 애들한테 제일 마음이 안 가지?" 식의 반응이다. 말썽을 매일 일으키고 친구와 싸우기만 하는 학생들에게 교사의 마음이 제일 안 갈 것이라고 생각한다. 그와 반대로 공부를 잘하고, 친구들과 잘 지내는 학생들에게 더 마음이 갈 것이라고 생각한다. 적어도 내 경우에 반은 맞고 반은 아니라는 생각이 든다. 나는 오히려 장난꾸러기들에게 마음이 더 쓰인다. 마음으로, 사랑으로 아이의 문제가 되는 행동을 바로잡도록 도와주어야겠다는 그런 마음까지는 아니지만 조금은 더 챙겨주고, 조금은 더 이야기를 나누어주고 싶은 마음이 들곤 한다.

이렇게 아이들과 지내면서 나의 에너지를, 나의 마음을, 나의 감정을 자유자재로 사용해야 하는 경우가 많다. 긍정적인 감정뿐 아니라 부정적인 감정까지도 말이다. 나는 한 가지 신기한 조건을 찾아냈다. 아이들 중 그 누구를 만나더라도 항상 긍정적인 마음이 뿜어져 나오는 경우다. 그 학생이 좀 전까지 친구를 때리고, 싸우고, 욕하고, 수업에 부정적으로 참여하며 아무것도 열심히 하려고 하지 않는 아이라고 하더라도 말이다. 바로 학교 밖에서 만나는 경우다. 학교 바깥에서는 그 어떤 아이들을 만나더라도 너무 반갑고, 너무 귀엽고, 너무 소중하게 느껴진다. 학교에서 있었던 여러 감정의 연결선과 상황의 복잡함을 모두 떼어내고 살펴볼 수 있기 때문인 것 같다.

노련한 교사라면, 조금 더 성숙한 교사라면 학교에서도 교실에서도 그러한 상태로 아이들을 바라볼 수 있지 않을까 싶은 생각이 든다. 감정을 최소한으로 관여시키면서 아이들을 항상 긍정적이고 발전할 수 있는 존재들로 바라볼 수 있는 그러한 노련함과 성숙함을 가지고 싶다.

오늘 3교시에 화재대피 훈련을 했다. 나는 방송업무를 맡아 여러 가지 방송 준비를 하느라 아이들과 함께 하지 못했다. 대신 체육 선생님이 아이들과 함께 대피하고 여러 가지 교육을 해 주셨다. 방송실 큰 창문으로 우리 반 아이들이 대피하는 모습, 앉아서 여러 설명을 들으려 집중하는 모습을 보는데 뭔가 짠한 기분이 들었다. 좀 전까지 감정을 소모하게 했던 아이들이 맞나 싶은 마음이 들 정도로 아이들이 정말 사랑스럽고 귀여웠다. 아 참, 그 당시 체육 선생님은 말을 안 듣고 여기저기 관련 없는 질문을 하며 이리저리 돌아다니려고 하는 아이들 때문에 정말 힘든 시간이었다고 한다.

정확한 비유일지는 모르겠지만 문득 이 말이 생각났다.

"인생은 멀리서 보면 희극, 가까이서 보면 비극"

– 찰리 채플린

우리 반 우렁각시를 소개합니다

옛이야기 중 우렁각시 이야기가 있다. 우렁이에서 나온 한 사람이 누군가를 위해 몰래 밥을 해 주고 간 이야기에서 비롯된 말이다. 아무도 모르게 좋은 일을 해 주는 사람을 우렁각시에 빗대어 표현하곤 한다. 이러한 우렁각시가 우리 반에도 있는 것 같다. 누군가를 위해서, 우리 반 전체를 위해서 누군가 좋은 일을 해 주고 있다.

나는 올해 3학년 담임을 하고 있는데, 이 시기의 아이들은 대부분 인정받는 것을 좋아한다. 아이들이 특별히 관심을 필요로 해서가 아니라 이 시기의 발달 단계를 살아가기에 원래 그럴 수밖에 없는 것이다. 그래서 아이들은 자기가 어떤 좋은 행동을 하면 "선생님~ 제가 이거 했어요!"라며 칭찬을 바라곤 한다. 그럴 때마다 나는 정말 기뻐하며 칭찬을 해 준다. 그래야만 아이들이 만족하고 본인이 한 행동에 대해 긍정적인 기억을 갖게 될 것이다. 그리고는 점차 그러한 행동이 습관이 되고 더욱 성장할 수 있을 것이라고 생각한다.

그런 아이들 사이에 우렁각시와 같은 도움의 손길이 하나 둘 생겨나고 있다. 순서가 뒤죽박죽 섞여있던 클리어 파일들이 어느 한순간 번호순으로 주르륵 정리가 된다거나, 들쑥날쑥 꽂혀있던 학급문고 책들이 가지런히 정리되는 날이 있다. 칠판이 티끌 하나 없이 깨끗해지는 날이 있고, 내가 아니면 아무도 신경 쓰지 않던 분리수거함이 가벼워지는 날도 있다. 누군가 점차 이런 일들을 하기 시작한 것이다.

이런 행동을 보여주는 아이들은 두 가지 경우 중 하나일 것이다. 교실을 위해, 친구들과 함께 생활하는 우리 공간을 위해 의도를 가지고 정리를 한 경우. 그리고 다른 하나는 그러한 의도까지는 생각하지 않았지만 무심결에 정리를 하게 된 경우다. 아이들은 무심결에 정말 많은 행동들을 한다. 책을 책꽂이에 가져다 놓다가 문득 선반 위에 얹혀있는 책 두 권을 보고는 끼워 넣기로 한다. 별생각 없이 끼워 넣다 보니 뒤집혀 끼워진 책 한 권이 눈에 들어온다. 그 책을 다시 뒤집어 넣으니 책들끼리 위치를 옮기고 싶은 마음이 든다. 몇 분 뒤 책꽂이의 책들은 높이별로, 색깔별로 가지런하게 정리가 된다.

그 순간 그 행동은 아이들이 "에휴, 책꽂이가 왜 이렇게 정리가 안 되어 있어. 내가 우리 반을 위해서 희생해야지 뭐. 정리 좀 해볼까?"라는 생각을 하며 한 것이 결코 아니다. 작은 행동이 이어지고, 또 다른 행동으로 이어지는 과정에서 무심코 일어난 결과다. 그 순간 아이들은 책을 정리하는 그 과정을 하나의 놀이로, 미션으로, 퀘스트로 받아들였을 가능성이 크다. 그렇게 하고 나면 뿌듯하다는 것 또한 스스로 느꼈을 것이다.

아이들이 정리하는 일을 놀이 삼아 느낄 수 있게 하려면 가장 쉬운 방법은 미션을 달성했을 때 보상을 제공하는 일이다. 하지만 매번 보상을 제공하고 대가를 주며 정리하도록 하는 것은 크게 바람직하다는 생각이 들지는 않는다. 아이들에게는 가장 만족스러운 정리의 대가로 다가오겠지만 말이다. 그런데 아이들이 그러한 보상 없이도 스스로 무언가를 한다는 것이 너무 놀라웠다. 가끔은 귀찮은 마음에 나도 보면서도 지나치는 것들이 많은데, 우리 반의 누군가가 손수 정리를 하고 귀찮은 일을 맡아서 해 주고 있다는 점에서 말이다.

교육학을 공부하는 사람이라면 아이들의 발달 단계가 무슨 단계에서 무슨 단계로 올라갔다는 분석을 내어 줄 것이다. 나는 그냥 아이들이 조금씩 성장하고 있는 과정에 있다고 표현하고 싶다. 3월 초에는 기대할 수 없었던 현상들이 학년 말이 다가오면서 서서히 드러난다. 함께 지내며 아이들이 성장하는 모습을 직접 볼 수 있다는 것만큼 뿌듯하고 보람 있는 일은 없을 것이다. 더 많은 아이들이 성장하도록, 더 많은 아이들이 다음 학년을 준비하도록 나는 내 할 일을 더욱 열심히 해야겠다.

Chapter 3.

조약돌이 될까,
발구름판이 될까?

쌤, 학교 안 가세요?

선생님으로 일한 지 그리 오래되지 않았음에도 그동안 만나서 가르친 학생들을 세어보면 벌써 꽤 많은 수가 되었다. 첫해에 6학년을 맡았었는데, 그 아이들이 벌써 고등학교 3학년을 앞두고 있으니 말이다. 군복무를 위한 휴직으로 인해 첫 학교에 발령을 받은 지 6년이 지났는데도 아직 근무를 하고 있는 특이한 상황 덕분에 졸업한 학생들을 거의 매일 마주치다시피 하고 있다.

오늘 수업이 모두 끝나고 우체국에 볼일이 있어서 다른 한 선생님과 다녀오던 길이었다. 저 멀리서 걸어가고 있는데 횡단보도 쪽에 오토바이 한 대가 멈춰 섰다. 신호를 기다리는 듯했고, 오토바이에는 남자 두 명이 타고 있었다. 점점 가까워지고 횡단보도를 건너기 위해 다가갔을 때 오토바이에 탄 사람들과 눈이 마주쳤다. 바로 내가 첫해에 가르쳤던 두 학생이었다. 지금 고등학교 2학년인 그 아이들이다.

종종 학교에 찾아와서 이야기도 나누고 하던 낯이 익은 아이들이라
바로 인사를 했다.

그 아이들이 먼저 물었다.

"쌤, 학교 안 가세요?"

우체국에 볼 일 있어서 다녀오는 길이라고 이야기를 하며 이 시간
에 학교에 안 가고 왜 여기에 있는지 물었다. 학교가 일찍 끝난 건지,
시험기간인 건지, 무슨 이유인지 가볍게 물어보았다.

"때려치웠어요."

그 대답을 듣고 딱히 해야 할 말이 떠오르지 않아서 그냥 웃어넘기
고 다음에 보자는 이야기를 하며 횡단보도를 건넜다.

아직도 그 두 학생이 초등학생이었던 때가 생생하게 생각난다. 두
학생은 같은 반이었고 엄청난 장난꾸러기였다. 오토바이 뒤에 타고
있던, 나에게 학교에 왜 안 가냐고 질문을 했던 그 학생은 종종 말썽
을 피우기는 했지만, 특유의 친화력으로 모두에게 살갑게 대해주는
학생이었다. 재치가 있고 친구들에게 인기가 많았다. 선생님들에게
도 잘 다가왔던 기억이 난다. 오토바이 앞에 타고 있던 학생도 물론
장난꾸러기였다. 수업을 진행하려는 선생님들의 시도를 번번이 방
해하고, 모둠 활동을 이어가지 못하도록 흐름을 끊어버리던 학생이
었다.

학교로 돌아오면서 이런저런 생각이 들었다. 예전 그 아이들 모습
이 생각나기도 했고, 왜 학교를 그만두게 되었을까 궁금하기도 했다.
잘 되었다거나 잘못 되었다는 판단을 하고 싶지는 않았다. 사실 판

단할 수도 없는 일이고 말이다. 무슨 사정이 있었겠지, 무슨 일이 있었겠지, 그냥 속으로만 생각했다. 그럼에도 쉽사리 마음이 안정되지는 않았다.

우리 반 아이들 생각을 하게 되었다. 지금 10살짜리 우리 반 아이들도 언젠가는 5학년이, 6학년이, 중학생이, 고등학생이 될 것이다. 그리고 우연한 기회에 또 만나게 될 가능성이 크다. 더군다나 지금 개교 준비를 하고 있는 새 학교에 2년 뒤에 가서 근무를 할 계획인데, 아이들이 그 학교로 상당수 전학을 갈 예정이라 거기서 지금 아이들을 다시 만나게 될 가능성이 매우 높다. 그때의 아이들은 어떻게 자라 있을까. 그때의 아이들은 얼마나 성장하고, 얼마나 달라졌을까.

1년간 아이들과 함께 생활하는 선생님이 아이들의 모든 것을 알 순 없다. 아이들이 그 후에 어떻게 변하게 될지 알 수 없으며, 아이의 자라나는 길과 방향에 어떤 영향을 미치고 있는지 그 당장은 알 수가 없다. 하지만 항상 책임감을 지닌 채 아이들을 만나야 한다는 것은 확실하다. 아이들이 변화하고 성장하면서 길을 결정하게 되는 아주 조그만 조약돌이 될 수도 있고, 큰 발구름판이 될 수도 있다. 선생님으로서 책임감을 가져야 한다는 것은 아이들을 변화시키고 성장시키는 촉매제로서, 조력자로서 지녀야 하는 마땅한 것이 아니다. 혹시라도 내가 아이들의 결정에, 아이들의 선택에 미세하게나마 영향을 주어 성장의 방향을 조금씩 틀어 놓을 가능성이 있다는 긴장감과 무거움 때문에 가져야 하는 그런 것이다.

우리 반 아이들을 보며 해 주고 싶은 말을 마음속으로만 되뇌었다.

애들아, 잘 살자. 지금 하는 대로 앞으로도 하나씩 선택을 해 나가며 살자. 그리고 그렇게 살며 자라서 다시 만나자. 얼굴에 남은 앳된 모습이 아니라, 선택의 모습과 생활의 모습을 보며 "아 너구나!" 하며 반가워할 날이 올 때까지 열심히 살자!

같은 방향을 보며 같이 웃자

우리 학년은 체육을 맡아서 가르쳐주시는 체육 선생님이 따로 배정되어 있다. 이전에도 그렇긴 했지만 요즘 체육시간이 끝나고 올라오면 아이들이 이런저런 이야기를 많이 일러준다. 예전에는 "오늘 발야구했어요!" "우리 팀이 졌어요, 아쉬워요"와 같은 이야기가 많았었는데, 요즘에는 "오늘 체육 선생님한테 혼났어요"라던가 "체육 선생님이 이렇게 줄 안서고 친구랑 싸우기만 할 거면 체육 이제 나오지 말라고 하셨어요"라는 이야기가 간간이 들려온다. 뭔가 대책을 세워야겠다는 생각이 들었다. 고민 끝에 이런저런 시도를 해 보았다.

첫째로 아이들에게 한 번 더 반복하여 당부했다. 체육시간에 지켜야 할 것들을 다시 일러주고, 스스로 이야기해 보는 시간을 가졌다. 아이들도 너무나 잘 알고 있다. 스스로 이런저런 규칙을 읊을 수 있을 정도로 익숙한 상태다. 다만 바깥이라는 환경으로 인해, 또 담임

선생님이 아닌 또 다른 선생님을 만나는 반가움으로 인해, 넓은 공간에서 진행하는 수업의 특성상 소리와 집중도가 모여들지 않는 탓으로 인해 스스로 행동으로 옮기기가 어려운 것이다. 가장 기본이 되는 규칙과 약속을 함께 상기하고 지키기로 했다. 이 단계에서 바로 개선이 되고 효과를 보인다면 참 좋으련만, 현실은 꼭 그렇지가 않다.

둘째로 실현 불가능한 겁을 주었다. 규칙도 수차례 이야기하고 약속했는데도, 승부욕 때문에 싸우고 체육 선생님이 통제가 안될 만큼 고집을 부리는 학생들도 나타났다. 체육 선생님과 이야기했다는 핑계를 들어가며 정말로 제대로 약속을 지키기로 약속하지 않으면 체육을 절대 하지 않겠다는 이야기까지 했다. 물론 그렇게 할 수는 없다. 겁주기 식으로 던져본 말이지만, 아이들한테는 큰 충격이었나 보다. 실제로 "오늘 체육시간에 준비운동 하는데 장난만 치고 돌아다니는 학생들이 있었다는데, 체육 선생님이 이렇게 하면 다음부터 체육시간에 우리 반만 나오지 말라고 했습니다"라고 전달한 적이 있다. 말의 의도는 '그러니까 다음부터는 제대로 다 함께 합시다'였지만 아이들은 진심으로 받아들였나 보다. 다음날 체육이 또 들었는데, 아이들이 청바지 같은 운동하기 불편한 옷을 입고 온 것이다. 아이들은 하나같이 "이제부터 체육 못하는 거 아니었어요?"라며 오히려 되묻는 것이었다.

셋째로 체육관 수업을 하는 날만큼이라도 내가 미리 나가서 함께 준비운동을 하곤 한다. 우리 반은 다행히 점심시간 바로 다음 수업을 체육관 수업으로 정해두었다. 점심을 먹고 아이들이랑 느긋하게 미리 체육관에 가서 시간을 보낼 수 있다. 아이들이 워낙 뛰어노는 것을 좋아하고 활발한 성격을 가지고 있기 때문에, 미리 체육관에서 조금 같이 놀아주면 그들 나름의 활동 목표치가 달성되는 것 같았다. '이 정도면 충분히 뛴 것 같다'라는 생각이 들도록 한 뒤에 준비운동을 함께 했다. 보통의 경우에는 체육부장을 맡은 학생 두 명이 나와서 친구들에게 구호를 붙여가며 운동을 했지만, 나는 방송장비를 켜서 음악을 틀어 놓았다. 운동회 때 모든 학생들이 함께 했던 조금은 웃기고 괴상한 준비운동 댄스를 함께 추었다. 그럴 때만큼은 누구 하나 딴짓하는 사람 없이 활짝 웃으며 준비운동을 하게 된다.

항상 느끼는 것이지만 '방향 전환'이 중요한 것 같다. 생각의 방향을 전환하는 것이 가장 중요하지 싶다. 아이들이 교사 마음에 들지 않는 방향으로 행동을 할 때 교사는 엄청난 스트레스와 함께 아이들의 방향을 내 쪽으로 돌려놓으려고 엄청 노력을 한다. 그러는 과정에서 감정도 닳고 마음도 닳고 몸도 지쳐간다. 아이들의 성향과 마음의 방향을 이용해서 원하는 목표를 달성할 수 있는 방법을 생각해 보면 어떨까. 아이들의 방향을 교사에게로 맞추려 노력하지 말고, 아이들의 방향을 살펴본 뒤 교사가 아이들과 같은 방향을 향하여 선다면 모든 것이 해결되지 않을까.

교사도 스트레스가 없고, 아이들도 나름의 에너지를 분출하면서 교사가 의도하고자 하는 목표까지 달성이 된다면 그게 완벽한 수업이 아닐까 싶다. 물론, 그렇게 하기까지 교사는 상당히 힘들 것이다. 나 또한 그렇고 말이다. 방향 자체를 바꾼다는 것은 내가 학생 때부터 몸소 체험하여 정립되어 온 교사와 학생 사이의 관계도를 머릿속에 다시 그려 넣어야 하는 어려운 작업이기 때문이다. 나도 몇 차례 시도하면서도 원점으로 다시 돌아오곤 했다. 이번에 찾은 방향 전환의 열쇠는 '준비운동'이다. 점차 이렇게 하나하나 열쇠를 찾아간다면 언젠가는 자연스럽게 아이들과 같은 방향에서 같은 목표를 향해 함께 웃고 있지 않을까?

언제나 긴장되는 학부모 상담

일 년 중 가장 긴장되고, 빨리 지나갔으면 하는 때가 두 번 있다. 학부모 공개수업과 학부모 상담주간이다. 특히 학부모 상담주간은 더 긴장이 되곤 한다. 학부모와 일대일로 마주 앉아서 진지한 이야기를 서로 나누어야 한다는 것이 나에게는 조금 어렵게 느껴진다. 더군다나 대화의 주제는 함께 이야기 나누는 상대방의 자녀로 한정되어 있으니 더욱 그럴 수밖에 없다.

주로 상담 방식은 두 개로 나누어진다. 학교로 직접 찾아와 마주보며 이야기를 나누는 방문 상담과, 학교에 방문하지 않고도 전화를 통해 진행하는 전화 상담이다. 저학년일수록 방문 상담의 빈도가 높고, 또 1학기에 있는 상담일수록 더 그렇다. 개인적인 입장에서는 당연히 방문 상담의 경우에 더 긴장이 되곤 한다.

보통 다른 선생님들이 학부모 상담을 진행할 때 어떻게 하는지 잘 모르겠다. 학부모 상담을 진행하는 것이 각각 선생님들마다의 비밀 노하우인지, 아니면 경력이 쌓이더라도 나처럼 긴장되고 부담되는 건지, 지금껏 다른 선생님들과 상담을 어떻게 해야 하고, 어떤 순서로 해야 하는지 등 방법에 대해 이야기를 나누어 본 적이 거의 없다. 보통 "우리 행복이가 학교에서 잘 지내나요?"라는 질문을 받으면서 상담을 시작하곤 한다. 정말 큰 트러블이 있거나 심각한 문제가 있는 경우가 아니고서는 내 눈에는 다 잘 지내는 것으로 보인다. 사실 하루 종일 친구들이, 혹은 선생님이 개입해서 아이들의 갈등 문제를 해결하곤 하기에 결과적으로는 모두가 잘 지내는 상태를 유지할 수밖에 없다. "그럼요~ 잘 지내고 있습니다"라는 답을 할 수밖에 없는 이유다.

몇 번의 학부모 상담을 경험하면서 나는 말을 잘 못하는 타입이라는 것을 깨달았다. 이렇게 당연한 이야기만 주고받는 상담을 이어가서는 안 될 것 같다는 생각을 하게 되었다. 학부모도 그러한 답변을 기다리며 약속을 잡아 방문하는 것이 아닐 것이다. 그래서 상담 스케줄 표를 미리 살펴보며 준비를 하기 시작했다. 잠시 뒤 방문하는 부모님의 자녀에 대해 말할 거리를 준비한다. 교우관계나 친밀도 조사를 했던 결과를 다시 한 번 점검하고, 그간 진행했던 평가들의 결과 추이를 대충이나마 확인한다. 혹시나 아이가 만들었던 작품이나 활동했던 사진에 특별한 것이 있는지 살펴보고 준비해 둔다. 그리고 본격적으로 20분간의 상담이 시작되면 상황을 봐가면서 하나 둘 준비한 내용들을 풀어낸다.

보통 아이의 학교 모습에 대해 전해 듣고는 의외라는 반응을 보이는 부모님들이 많다. 집에서는 정말 차분한 아이인데 학교에서는 활발하다거나, 집에서는 아무것도 안 하려는 아이인데 학교에서는 책임감 있는 모습을 보인다거나 하는 식이다. 나는 아이의 집에서의 모습을 전혀 알 길이 없고, 부모님들은 아이의 학교에서의 모습을 알 수 있는 경로가 사실상 나뿐이니 이런 상담이 어쨌든 도움이 되는 것은 사실인 것 같다.

　아이들은 많은 경우에 학부모 상담을 무서워하는 것 같다. 뭔가 본인들의 행동에 찔리는 구석이 있었던 건지 "선생님~ 엄마 오시면 뭐라고 할 거예요?"라고 물어보는 경우가 많다. 그리고 이날만큼은 장난 한 번 안치고 바른생활 어린이가 되곤 한다. 나도 장난처럼 아이들에게 이렇게 말하곤 한다.

　"음, 행복이가 매~일 장난치고, 매~일 놀기만 한 대요라고 해야지?"

　물론 틀린 말은 아니지만 상담에서 학부모에게 전할 정도의 중요도 높은 말도 아닌 것 같다.

　이번 주가 2학기 상담주간이다. 3학년도 사실상 저학년에 속하고, 고학년에 비해서 학부모님들의 관심도 많다. 이번 일주일 동안 11건의 상담 예약이 잡혀있다. 11번 준비를 하고, 11번의 실전에 임해야 한다. 학생과의 관계와는 별개로 학부모와의 관계를 잘 다지게 되는 또 한 번의 좋은 계기가 되면 좋겠다. 학부모와 가정으로부터 교사에게 전해지는 응원과 격려, 그리고 믿음과 지지가 작을지라도 교사에게는 큰 힘이 되고 원동력이 된다는 것을 한 해씩 지나면서 깨닫고 있다. 이번 주는 더더욱 파이팅이다.

전학생이 교무실에 와 있는데요

여느 날과 다름없는 힘들고 지쳐가는, 그럼에도 아닌 척 힘을 내서 어떻게든 아이들과 생활하는 오후 시간이었다. 밥을 먹고 난 뒤라 졸리기도 하고, 아이들은 점심시간 내내 뛰어놀다 들어와서 아직까지 남아 있는 에너지를 교실 속에 이리저리 쏟아내고 있을 때였다. 그렇게 한 시간 수업을 하고 쉬는 시간이 되었을 때 갑자기 교실 전화가 울렸다.

"지금 전학생이 왔어요. 부모님이랑 교무실에서 기다리고 있는데, 잠시 내려와서 함께 올라가는 게 좋을 것 같아요."

5교시에 걸려온 갑작스러운 전화 내용에 굉장히 당황스러웠다. 교무실로 내려가면서 복도에서 놀고 있는 아이들에게 "얘들아, 선생님이 할 말 있으니까 잠깐 교실에 가서 앉아보자"라고 이야기하며 교무실로 내려갔다. 한 작은 여학생이 있었다. 거리가 있는 다른 지역에서 이사를 오면서 전학을 오게 되었다고 한다. 학생과 학생의 부모님과 함께 교실로 올라갔다. 올라가면서 신발장도 알려주고, 자주 사용하는 계단도 알려주다 보니 어느새 교실에 도착했다.

아이들은 눈치가 얼마나 빠른지 벌써 자기들끼리 신나 있었다. 문틈으로는 "전학생이다!"라는 소리가 새어 나왔다. 이제 곧 마지막 교시가 시작하는 시간이 되어 간단하게 부모님께 안내를 드리고 교실로 들어갔다. 마지막 시간은 원어민 선생님 시간이다. 평소 원어민 선생님은 우리 반 아이들에게 인기 만점으로, 원어민 선생님 수업시간은 곧 축제라고 보면 될 듯하다. 나는 속으로 '아, 전학 온 첫 시간부터 에너지가 차고 넘치는 모습을 경험하겠구나'라고 생각했다. 사실 조금은 민망하기도 했다.

원어민 선생님이 수업을 진행하는 동안에 전학 온 학생의 부모님께서는 교과서와 여러 필요한 학용품들을 가지고 오셨다. 나는 짐을 받아 사물함을 새로 정하여 넣어두었다. 벌써부터 아이들은 초롱초롱한 눈으로 전학생을 바라본다. 옆에 앉게 된 학생은 이것저것 필요한 것은 없는지 물어보고 챙겨주는 모양이다. 건너 모둠에 앉은 학생도 내가 지나갈 때 "내일 제가 데리고 다니면서 보건실이 어딘지, 도서관이 어딘지 알려줘도 괜찮아요?"라며 물어본다.

사실 어느 학교, 어느 학급이나 새로 전학 오는 학생에게 관심을 한가득 갖고, 환영해주는 것은 당연한 일이다. 우리 반 아이들이 더욱 그렇게 전학생에 관심을 갖는 것은 그럴 만한 일이 있었다. 사실은 9월에 전학생이 오기로 되어 있었다. 아침부터 교무실에서 전화가 온 것이다. 오늘 전학생이 올 예정인데 아직 오지 않아서 학교에 도착하는 대로 교실로 안내해 주겠다는 것이다. 아이들에게 괜한 소란을 만들고 싶지 않아서 나 혼자만 알고 있었다. 다만 언제 전학생이 교실에 들어올지 모르니 괜히 빈 책상을 하나 뒷줄에 가져다 두었다. 괜히 클리어 파일도 하나 더 가져다 두고.

아이들은 합리적인 의심을 하기 시작했다. 아이들은 선생님이 이렇게 준비를 하는 것은 전학생이 오는 것밖에는 설명이 되지 않는다고 했다. 그래서 이야기를 해 주었다. 사실 아침에 전화가 왔고 전학생이 오늘 중으로 학교에 오면 교실로 바로 안내받아 올라오기로 했다고 말이다. 종례시간이 될 때까지 전학생은 오지 않았다. 그 다음 날에도, 지금까지도 그 전학생은 오지 않았다. 한창 공사 중인 학교가 마음에 들지 않아 전입학원서를 들고 옆 학교로 갔을 수도 있고, 예정되어 있던 이사가 취소되었다거나 하는 무슨 이유가 있었겠거니 하면서 나는 안도했다. 아이들에게는 엄청난 실망으로 다가왔나 보다. 두세 달이 지난 며칠 전까지만 해도 그때 오기로 했었던 '그 전학생'에 대해 이야기를 하곤 했으니 말이다.

전학생과 함께 할 남은 시간이 어떻게 흘러가게 될지 기대가 된다. 우리 반의 분위기를 한마디로 표현하자면 '울퉁불퉁하다'는 말을 쓰고 싶다. 순탄하고 평온하기만 한 학급 분위기는 아니라고 생각한다. 그럼에도 잘 적응하여, 친구들과 좋은 관계를 만들어가며, 선생님을 신뢰하고, 활동에 적극적으로 참여하다가 '아, 전학 오길 잘했다' 하며 다음 학년으로 올라가기를 바란다.

내 손을 살포시 잡아주던 아이

사람들은 저마다 소중하게 생각하는 것들이 있다. 그것들은 대부분 지극히 개인적인 다양한 이유로 정해지는 것들이지만 힘닿는 데까지 지키고 싶은 것이라는 것만큼은 같을 것이다. 평소에도 문득문득 나에게 있어 소중한 것을 되돌아보려는 노력을 하곤 한다. 오늘은 학교에서 내가 소중하게 지키고 싶은 것들이 무엇인지를 고민해 보게 되었다.

나는 가장 소중한 것이 관계라고 생각한다. 사람이 사람을 만나는 장소인 만큼 학교에서는 모든 것이 관계로 구성된다. 우리 반 학생들과 나의 관계, 나와 학부모의 관계, 나와 동료 선생님들의 관계, 그리고 나와 관리자의 관계. 이밖에도 행정실과의 관계, 일을 하며 마주하는 여러 업체들과의 관계, 교육청과의 관계, 연구회에서의 관계 등 수많은 관계 속에서 생활하게 된다. 그러니 관계를 소중히 하지 않고 무언가를 한다는 것 자체가 어려운 상황이긴 하다.

이런 이유도 물론 무시할 수 없지만, 나는 그보다 조금 더 근본적인 이유로 누군가와의 관계를 소중히 생각하곤 한다. 솔직히 그 이유를 정확하게 표현하라고 한다면 못할 것 같다. 드러나는 이유도 아니고 논리적인 이유도 아니다. 그냥 나는 누군가와의 관계를 중요하게 생각한다. 그러다 보니 되도록 내가 마주하게 되는, 마주하게 될 모든 사람들에게 좋은 관계를 쌓아갈 토대를 만들고 싶어 한다. 아이들과 일 년 보내고 그저 헤어지는 것이 아니라 언젠가 기회가 닿을 때까지 좋은 기억으로, 좋은 관계로 남아있고 싶은 욕심이 있다. 함께 근무했던 선생님들과도 학교를 옮기면서 그저 멀어지는 것이 아니라 언젠가 다시 만나 함께 근무할 때까지 좋은 기억과 돈독한 관계로 남아있고 싶은 그런 욕심이 든다.

관계라는 것이 소중하면 소중한 만큼 지키기에 어려움을 겪기 마련이다. 관계를 쌓아가는 것만큼이나 어려운 것이 관계를 지켜나가는 것이다. 여차하면 흔들리고, 기울어지다가 멀어져 간다. 나는 지금 근무하는 이 학교에서 정말 소중한 사람들을 많이 만났다. 온갖 추억을 몇 년째 함께 하는 아이들, 그 모든 순간에 힘이 되어주고 활력이 되어주었던 좋은 선생님들을 만났다. 여차하면 흔들리고 기울어지다가 멀어지는 관계가 되기 싫어서 걱정이 많이 된다. 언제까지나 서로 좋은 추억을 되돌아볼 수 있는, 그러면서도 여전히 서로에게 힘이 되는 그런 관계로 이어지고 싶다.

반면 정반대인 경우도 있다. 정말 속상하게 하던 사람들과의 관계가 시간이 지나면서 그 어떤 때보다 가까워지는 경우다. 지칠 만큼 지쳐서 그냥 흘려보내야겠다며 다짐했던 누군가와의 관계는 예상치 못한 변곡점으로 인해 급격히 회복되곤 한다. 그럴 때 이전에는 바라보지 못했던 그 사람의 새로운 모습을 보게 되는 경우가 있다. 나의 새로운 모습 또한 함께 보게 되겠지만 말이다.

관계라는 것은 참 어렵다. 혼자서 잘하고 싶다고 잘 되는 것도 아니고 싫다고 무작정 벗어날 수 있는 것도 아니다. 더군다나 학교처럼 수많은 관계들이 얽히고설켜 있는 공간에서는 더더욱 그렇다. 몇 해 학교를 다니며 느낀 점은 그 어떤 사람과의 관계일지라도, 언젠가 그 사람의 새로운 모습을 볼 기회가 생긴다는 것이다. 새로운 관계가 시작되는 신호탄이 되기도 하며, 둘 사이의 관계에 커다란 변곡이 일어나는 정점이 되기도 한다.

쉬는 시간에 지친 몸을 이끌고 연구실로 터덜터덜 향하고 있었다. 수업 시간 내내 큰 소리로 떠들기만 하고, 전혀 집중하지 않아서 속을 상하게 하는 학생이 있었다. 그 학생이 걸어가는 내 손을 살포시 잡아주며 웃어주었다. 그렇게 나는 오늘 또 하나의 관계 안으로 스며들어갔다. 그 아이의 새로운 모습, 그리고 나의 새로운 모습을 확인하면서 말이다.

얘들아, 선생님 출장 다녀올게

학교에서 일을 하면서 학교 바깥으로 출장을 가야 하는 경우가 은 근히 많다. 일을 처리하기 위한 출장도 있고, 업무적으로든 개인적으로든 연수를 들으러 가기 위한 출장도 있다. 각종 연구회 활동을 위한 출장도 꽤 많다.

첫 발령을 받았을 때 나의 업무는 정말 복잡했다. 일이 어렵고 힘들어서 복잡했다기보다는, 자잘한 업무들 여러 개를 동시에 맡았기에 복잡했다. 사실 대부분이 일회성 업무였는데, 그럼에도 불구하고 이런저런 출장과 연수가 참 많았다. 처음 발령을 받은 해라 출장 역시 너무 어색했다.

나의 교직생활 첫 출장은 요즘은 안전상의 이유로 거의 사라진 물로켓 시 대회에 아이들 둘을 데리고 나가는 일이었다. 아침에 아이들을 만나서 외곽에 있는 먼 학교에 다녀와야 했다. 오전과 오후 모두를 출장으로 써야 하는 하루였다. 그 당시에는 차가 없었기에 우리 셋은 택시를 타고 다녀와야 했다. 출장비나 학교 카드 같은 개념이 전혀 없었기에 택시비나 아이들과 먹은 점심값까지 모두 사비로 결제했다. 그럼에도 나는 행복했다. 아이들은 그 학교 체육관에 모여서 스스로 물로켓을 만들어야 했고, 선생님들은 학교 도서관에서 책을 보거나 주변을 여유로이 산책하도록 안내했다. 처음으로 맞이하는 여유로운 하루라 신기하면서도 행복했다.

나의 업무 중에 다문화교육도 포함되어 있었는데, 그와 관련된 출장을 몇 차례 다녀왔다. 한 번은 점심식사 후에 다른 중학교에 가서 외국인들과 함께하는 수업을 참관하는 것이었다. 이때까지도 차가 없었기에 택시를 타고 이동했다. 교문을 나서서 택시를 타러 가는 그 순간의 햇살이 얼마나 따뜻하게 느껴졌는지 모르겠다. 또 다른 학교에 들어가 본다는 것도 신선하게 느껴졌다. 강의의 내용도 재미있고, 외국인들과 함께하는 특별한 수업에 참관인으로 함께한다는 것 자체도 뿌듯했다.

담임을 맡게 된 후에는 그 전과 같은 소소한 출장들은 다니지 못하게 되었지만 먼 곳으로 굵직한 출장들을 다니게 되었다. 이맘때쯤 첫 차를 구입하게 되었는데, 차를 사고 처음으로 내가 사는 도시를 벗어나 본 것이 수학여행 답사였다. 첫 장거리 운전으로 학년 선생님들과 충청남도 공주시와 전라북도 전주시를 무사히 다녀왔다. 오래 운전을 해야 해서 걱정을 많이 했었는데, 그럼에도 출장으로 다녀온 그곳들은 후에 아이들과 함께 갈 때와는 또 다른 매력이 있었다. 그 후로도 다음 해에 공주, 부여를 다시 운전해서 다녀왔다.

　업무와 관련된 중요한 내용만 출장을 신청해서 다녀오는 것이라 생각했었는데, 꼭 그런 것은 아니었다. 아이들과 수업 시간에 수영장에 다녀오거나, 학교에서 가까운 산으로 숲 체험을 다녀오거나, 박물관에 다녀오는 수업 활동을 할 때도 출장을 신청해서 다녀올 수가 있었다. 그뿐 아니라 학교 자체와는 관련이 없지만 개인적인 연구회 활동이나 연수에 다녀올 때도 출장을 신청하고 다녀올 수 있다. 물론 그러한 경우에는 출장비를 지급받을 수 없지만 말이다.

　출장은 어떻게 생각하면 일을 하면서 새로운 활기를 얻는 하나의 방법인 것 같다. 매일 같은 자리, 같은 공간에서 하던 일을 새로운 환경에서 새로운 사람들과 할 수 있으니 말이다. 그래서 아이들과의 수업이나 학교의 일정에 지장이 없는 한 여러 가지 연수나 활동을 알아보고 열심히 다녀보려고 한다. 의미 있는 내용들을 얻으며 나 스스로가 한 번 더 활기를 찾을 수 있는 아주 좋은 방법이기 때문이다.

　나는 항상 아이들에게 이야기를 하고 출장을 떠난다.

　"얘들아, 선생님 출장 다녀올게~ 내일 보자."

　물론 수업 시간표를 바꾸어 누군가 마지막 시간 수업과 종례를 무사히 해주도록 해야 하며, 그날 나누어 줄 안내장을 미리 배부해야 한다. 또 중요한 전달사항을 알림장으로 미리 전송하고 난 뒤에야 나는 저 말을 할 수 있다. 바쁘지만 알찬 나의 출장 인생도 파이팅이다!

이번에는 꼭 제대로 들어야지, 원격연수

아이들을 가르치는 교사라는 직업에서 떼려야 뗄 수 없는 것이 바로 배움이다. 배우지 않고는 가르칠 수 없기 때문이다. 물론 교과서에 담긴 지식이야 시시각각 변하는 내용이 아니기에 얼마든지 개인적인 배움의 노력이 없다 하더라도 어느 정도 가르치고 수업을 이어가는 데 문제가 없을지도 모른다. 하지만 그러한 교과의 내용을 전달하는 과정에서 더욱 긍정적인 효과를 나타내기 위하여 항상 교사는 새로우면서도 다양한 변화와 발전에 예민해야 한다고 생각한다. 그러한 이유로 많은 선생님들이 직무연수를 신청하여 듣곤 한다.

연수를 진행하는 방식에 따라 종류가 나누어진다. 직접 어딘가에 모여서 연수를 주고받는 집합연수, 컴퓨터나 스마트폰 앱으로 어디서나 연수를 들을 수 있는 원격연수가 있다. 내가 원하는 시간에, 원하는 장소에서 차분히 연수를 들을 수 있다는 점에서 나는 원격연수

를 선호하는 편이다. 물론 질문을 즉각적으로 주고받고, 더욱 집중할
수 있는 것은 집합연수의 무시할 수 없는 장점이다. 하지만 원격연수
의 다양성과 섬세함 또한 나에게는 중요하게 느껴지기 때문에 원격
연수를 주로 선택한다.

연수는 정말 다양한 주제로 이루어진다. 교사들을 위한 연수를 제
공하는 온라인 연수원 또한 종류가 참 많다. 물론 교육부에서 인정해
주는, 즉 직무연수로 등록 가능한 곳은 몇 군데로 정해져 있다. 그럼
에도 수많은 연수들을 찾아 수강할 수 있다. 나는 지금까지 매년 60
시간 이상의 연수를 대부분 원격연수로 들었는데, 연수 제목만 나열
하더라도 그 다양함을 알 수 있다.

올해 초에 안전연수를 들었다. 15시간에 걸쳐 학교에서 발생할 수
있는 거의 대부분의 안전사고를 배웠다. 각각의 상황에서 어떻게 대
처해야 하고, 응급처치를 어떻게 해야 하는지에 대해 집중적으로 배
웠다. 안전연수를 필수로 이수해야 한다는 조건이 있기에 선택한 것
도 없지 않다. 그러나 연수를 쭉 듣다 보니 학교에 상주하는 보호자
로서 꼭 알아두어야지만 학생들에게 도움을 줄 수 있을 것이라는 생
각을 하게 되었다. 안전연수는 집합연수로도 들었다. 현장체험학습
을 대규모로 가기 위해서 안전요원 연수를 반드시 들어야 했다. 적십
자사에서 운영하는 연수로, 3일에 걸쳐서 각종 실습을 하며 안전에
대해 배우는 시간이었다.

지난 학기 몸과 마음이 너무 지쳐있던 때에는 마음을 다스리는 방
법에 관련된 연수를 들었다. 지금은 방송이 더 이상 올라오지 않고 있

지만 한때 유명했던 '지대넓얕'이라는 팟캐스트 방송이 있다. 그 팟캐스트 방송을 진행하는 출연진 중 김도인이라는 분이 만든 연수다. 마음을 다스리고 나 자신을 돌아보는 과정을 원격연수로 수강했는데, 지금까지 들었던 연수와는 다르게 부담 없이 들으며 즉각적인 효과를 볼 수 있어서 만족스러웠다.

오늘도 연수를 하나 신청했다. 15시간짜리 원격연수인데, 교실 내부에서 생기는 문제 상황에 대처하는 방법을 다루는 연수다. 어느 반이나 크고 작은 일들로 바람 잘 날 없는 것이 초등학교 교실의 상황일 것이다. 아이들이 어떻게 행동하는지에 중점을 두어 분석하고 공부하는 것도 중요하지만, 그러한 행동에 대해 선생님이 어떻게 대응하고, 지도하고, 변화하도록 안내할지를 이야기하는 것이 더 중요하다고 생각한다. 사실상 교사란 그러한 역할을 하기 위해 교육의 전문가로서 학교에서 일하는 것이라 생각한다. 그게 학원과 학교의 차이점이고 근본적인 교사의 역할이다. 늦은 감이 있지만 이번 연수를 통해 나만의 방식을 찾아 아이들과의 문제 상황을 해결하고, 긍정적인 분위기 형성에 도움을 받아보려고 한다.

다만, 원격연수는 보통 컴퓨터나 스마트폰 앱으로 이루어지기 때문에 꾸준히 집중하기가 쉽지 않다. 학생들이 인터넷 강의를 밀리고 깜빡하는 것과 전혀 다를 것이 없다. 그래서 대부분의 강의는 진도율 자체가 수료의 기준이 되는 경우가 많다. 또 온라인 강의의 특성상 재생과 동시에 다른 작업을 하게 될 수도 있다. 그래서 중간 중간 버튼을 클릭해야 하는 상황을 많이 만들어 넣곤 한다. 글씨를 써넣어야 강의가 진행되거나 진행 바를 앞으로 당겨 넘길 수 없도록 막아둔 경우도 많다. 보통 A4 종이 한 장 분량의 과제를 기한 내에 제출해야 하며, 수료를 위해서 객관식 시험에서 80점 이상을 맞아야 한다. 이런 조건을 모두 충족해야 한 개의 원격연수를 수료할 수 있다.

  나는 항상 배우는 것을 좋아한다. 새로운 것에 대해 호기심이 많고 시도해보려 노력을 하지만, 시간이나 장소의 제약으로 쉽게 성공하지는 못했다. 원격연수라는 제도는 이런 나에게 정말 딱 맞는 방법이 아닐까 싶다. 앞으로도 여러 가지 연수를 들으며 발전하는 교사가 되어야겠다.

닮고 싶은 사람들

나는 선생님이 되기 위해 다른 지역에 위치한 교대에 진학했다. 여러 선택지 가운데 한 가지로 교대를 선택했고, 그 결과 나는 집에서 대중교통으로 다섯 시간 가까이 떨어진 먼 곳으로 학교를 가게 되었다. 생각보다 너무 재미있는 학교생활이 이어졌고, 고향에 그리 자주 올라오지 않았기에 거리가 크게 문제가 되지는 않았다. 새로운 곳에 살아보는 재미도 느껴보게 되었고, 정말 좋은 사람들과 좋은 추억을 많이 만들었다. 그러다 보니 4학년을 마치고 졸업이 다가올 때쯤 깊은 고민에 빠지게 되었다.

내가 어디로 임용시험을 지원해야 하는지가 정말 큰 고민이었다. 이전까지는 당연히 집이 있는 고향으로 시험을 지원하여 치르는 것이 맞다고 생각했었다. 꼭 올라와야만 하는 이유는 없었지만 집이 있다는 것이 크게 다가왔던 것 같다. 내가 학창 시절 종종 나의 미래 모습을 생각해 볼 때, 내가 고향에서 멀리 떨어져 산다는 것 자체를 떠올리거나 문득 생각해 본 적도 없었기에 더욱 그랬다. 내가 교대 생활을 지낸 그 지역에는 수많은 동기들, 교수님들, 선후배, 그리고 실습 때 만난 좋은 선생님들도 모두 계셨다. 내가 대학을 오기 전까지 평생을 생활했던 곳은 나의 고향이긴 하지만, 교직생활을 하기에는 오히려 마음의 거리가 먼 곳이라고 느껴지기까지 했다.

그럼에도 불구하고 결국 집이 있다는 그 점이 승리했다. 나는 고향이 있는 지역으로 시험을 지원하여 현재까지 근무를 하고 있다. 첫해 이야기를 해 볼까 한다. 요즘이야 어느 교대를 나왔느니, 어느 고등학교를 나왔느니 하는 옛날 마인드는 많이 줄어들었지만 당장 내 눈앞에 새로운 사람들이 있으니 그런 걱정이 안들 수가 없었다. 심지어 내가 살던 고향 도시에도 교대가 있었기에 대부분의 사람들은 그 교대 출신이었다. 내색도 못하고 혼자서 걱정만 하고 있었다. 나는 조금이라도 실수를 하지 않기 위해서 노력했다. 어떻게든 열심히 하려고 했다.

그 당시에 교무부장을 맡아 일을 하시던 선생님 한 분이 계셨다. 그분 역시 내가 사는 동네에 있는 교대를 졸업하여 쭉 이 지역에서 근무를 하고 계신다. 그런데 그 선생님께서 퇴근이 가까워지면 저녁을 함께 하자는 쪽지를 종종 주시곤 했다. 그렇게 교무부장님과 함께 밥도 밥이지만, 술도 정말 많이 마셨다. 이런저런 대화를 하며 조금씩 마음을 터놓고 이야기를 하게 되었다. 그러는 도중에 그 선생님께서 이런 말씀을 해 주셨다.

"요즘 시대에 아무리 어느 교대니 하며 차별하는 사람은 없겠지만, 멀리 있는 교대를 나와서 아는 사람이 없을 것 같더라. 그래서 내가 선배님들도, 후배들도 소개해주면서 잘 적응하게 도와주려고 하는 거다."

그동안 나 혼자 가지고 있었던, 내색하지 않았던 답답함이 모두 사라졌다. 너무 감사했다. 크게 드러내지도 못했던 마음속의 고민이었는데, 먼저 알아차리고 도와주시려 한 것이다. 그 후로도 정말 많은 도움을 주셨다. 함께 여행도 참 많이 다녔다. 많이 친해져서 함께 안동과 영주도 가보고, 제주도에도 갔다. 물론 학교 농구부 전지훈련 응원을 겸해서 가긴 했다. 단순히 여행을 함께 했다는 것이 중요한 것은 아니었다. 그러면서 고민하고 있는 것들, 걱정하는 것들을 다 들어주셨다. 어떻게 보면 외지처럼 느껴질 수 있는 나의 고향에 내가 적응할 수 있도록 가장 큰 도움을 주신 분이다.

지금은 학교를 옮기셔서 다른 도시에서 교감선생님으로 근무하신다. 그 선생님의 자녀들은 아직까지 우리 학교에 재학 중이라 오며 가며 인사도 하고 아이들과도 친하게 잘 지내고 있다. 학교를 옮기신 후에도 종종 만나며 식사자리를 갖곤 했다. 내가 이번 여름에 너무 힘들었을 때에도 위로해주시고 들어주셨다. 명확한 어떤 답을 줄 수 없는 문제기 때문에 나는 그것만으로도 너무 만족스러웠다.

나도 이러한 선배 교사가 되어야겠다고 첫해부터 다짐했다. 항상 마음으로 먼저 다가서는 필요한 이야기, 필요한 도움을 전해줄 수 있는 그런 사람이 되어야겠다고 말이다. 아직은 내가 그러한 행동을 할 수 있을 만큼 선배 교사가 된 것도 아니고, 아직 성장해가는 적응기라는 생각이 든다. 하지만 조금 더 경력이 쌓여서 누군가에게 도움을 줄 수 있을 때에도 나는 이 생각을 절대 잊지 않으려고 한다.

오늘 문득 이 선생님께서 연락을 주셨다. 퇴근하고 족발 먹으러 가는 게 어떻겠냐고. 오늘은 어떤 이야기를 나누고, 어떤 마음의 감동을 받게 될까.

13번의 종소리

요즘 많은 초등학교에서 종소리를 없애고 있는 추세다. 수업을 시작하는 종소리는 그대로 두더라도 끝나는 종소리를 치지 않도록 변경하는 학교들이 많다. 하루에 총 13번의 종소리를 듣는 입장에서, 종소리에 따라 수업의 흐름이 시작되고 끝나버리는 것이 좋아 보이지는 않는 것이 사실이다.

수업 시작하는 종소리는 언제 들어도 반가운 일은 아니다. 아이들에게는 더욱 압박으로 다가오지 않을까 싶다. 밝고 또랑또랑한 10초 남짓 음악이 이어지는데도 전혀 기쁘거나 신이 나지 않으니 말이다. 수업 시작하는 종소리에 모든 것을 맞추도록 교사들은 요구하고, 아이들은 요구받고 있다. 모든 아이들은 수업 시작하는 종소리에 맞추어 화장실의 모든 볼일을 끝내도록 요구받고, 모든 책들이 펼쳐져 있기를 요구받고, 1층 도서관에서부터 출발하여 정확히 자리에 도착해 있기를 요구받는다. 선생님들도 마찬가지다. 쉬는 시간 틈을 내서 하던 학년 회의는 수업 시작 종소리에 맞추어 끝이 나있어야 하며, 나누던 대화도 급하게 단절되고 서로가 교실을 향하여 바쁘게 걸어가야만 한다.

어른들에게도 정확히 제 시간을 지켜가며 10분을 온전히 사용하기는 힘든 일이다. 3층 맨 구석에 위치한 우리 교실에서 1층 반대편 건물에 있는 도서관까지 아이들 걸음으로 다녀오는 왕복 시간만 10분 조금 안 되는 시간이 걸릴 것이다. 쉬는 시간이 3분 남았을 때 화장실에 갑자기 가고 싶게 될 수도 있다. 상담실에 다녀오는 아이들, 어딘가에서 춤 연습을 하다 오는 아이들, 다른 반 친구를 만나서 놀이터에 다녀오는 아이들. 10분의 쉬는 시간은 충분히 부족하게 느껴질 수 있는 시간이다.

수업의 끝을 알리는 종소리도 가끔은 당황스러울 때가 있다. 나도 내가 모든 수업을 정확히 40분에 맞추어 운영하고 활동할 수 있는 능력을 가진 교사였으면 좋겠다. 하지만 그런 능력이, 좋은 선생님이 되는 필수 조건은 아니라고 생각한다. 필요에 따라서 가끔은 3분을 더 활동하고자 할 때도 있고, 어떤 때는 5분 일찍 활동과 정리가 끝나는 수업도 있을 수 있다. 3분을 더 활동하고자 하더라도 아이들은 이미 마음이 들떠있다. 10분이라는 그 짧은 쉬는 시간이 점점 더 짧아져가기 때문이다. 간절한 눈빛으로, 표정으로, 몸짓으로 빨리 마무리하고 쉬게 해 달라는 표현을 쉬지 않고 보낸다. 수업이 5분 정도 일찍 마무리된 날에도 사실은 애매한 상황이 많다. 끝나는 종소리만을 기다리고 있는 학교의 다른 나머지 반들을 위해서라도 우리는 교실 안에서 그 5분이라는 시간을 어떻게든 소비해야만 한다.

조금은 유연하게 생활할 수 있었으면 좋겠다. 이 말을 어떤 사람들은 무작정 수업 시간을 줄이겠다는 뜻으로 이해하곤 한다. 전혀 아니다. 그냥 상황에 맞추어 수업을 하면서도 기계음 종소리에 눈치를 덜 보고 싶다는 말이다. 왜 점차 많은 학교에서 종소리를 서서히 없애고 있는지 요즘 들어 이해가 된다. 선생님이 온전히 스스로의 수업을 구성하고 이어나갈 수 있도록 하는, 아이들이 그 수업에 온전히 집중해서 참여할 수 있도록 도와주는 하나의 방법일 것이다.

어느 때가 되면 나도 이러한 것들에 적응을 해서 무난히 살아가게 될 것이다. 그 적응의 단계로 접어들기까지 아마 이러한 불편함들이 여럿 눈에 들어올 것 같다. '원래부터 그래왔던 것들'에 푹 젖지 않은 나의, 그리고 우리 신규 선생님들의 의견을 함께 공유할 수 있는 학교 분위기가 많아졌으면 좋겠다.

예비군 훈련 중에도 마음은 학교에

나는 다음 주 월요일에 예비군 훈련을 간다. 부득이하게 학교를 하루 비우게 되었다. 이런저런 행사와 빠듯한 진도 때문에 바쁜 시기라서 자리를 비우는 것이 조금 부담이 되기도 한다. 물론 내가 자리를 비우면 누군가 내 자리를 맡아서 채워주어야 하기에 그 또한 부담으로 다가오곤 한다.

보통의 경우에 내가 자리를 비우게 되면 보결전담강사 제도를 이용할 수 있다. 모든 학교는 아니고 어느 정도 규모가 있는 몇 개 학교에 보결전담강사를 배치하여 필요에 따라 신청 절차를 통해 활용할 수 있는 제도다. 병가나 연가, 공가 등의 사유로 학교를 부득이하게 비워야 하는 경우에 수업을 대신 맡아 해 주는 제도다. 따라서 보결전담강사 제도는 선생님들에게 큰 도움이 되곤 한다. 다만 모든 학교에 배치되어 있는 것이 아니기에 예비군 훈련과 같이 많은 사람들이 참가하는 일정이 있는 때에는 거의 구하기가 어렵다고 볼 수 있다.

보결전담강사를 구하지 못한 경우에는 대부분 학교 내에서 해결을 해야 한다. 다행히 우리 학교는 규모가 있는 학교라 교과 전담 선생님들도 많고, 같은 학년 선생님들도 많다. 어찌 저찌 시간표만 잘 맞추어 본다면 큰 부담 없이 하루 일과 운영이 가능할 때도 있다. 하지만 나는 저학년을 맡고 있기 때문에 전담 수업이 일주일에 몇 번 없다. 그나마 있는 체육, 도덕 수업을 하루에 몰아넣는다고 해도 두 시간뿐이다. 남은 3~4시간은 어떻게든 다른 선생님들의 도움이 필요한 처지다.

당장 이번 예비군 훈련 때에는 조금은 다른 방법으로 하루 수업이 해결되었다. 우리 학교에 근무하시다 명예퇴직을 하신 선생님께서 하루 동안 기간제 교사 형식으로 계약을 하여 우리 반을 맡아주시기로 하신 것이다. 마침 어떻게 하루 수업을 이리저리 구성해야 하나 고민하던 터라 이 소식이 너무나도 반가웠다.

그때부터 내가 없을 월요일 하루의 수업과 일과를 상상하기 시작했다. 열심히 또 최대한 자세히 상상을 해야 계획하고 준비해 둘 수 있을 것 같았다. 주간 학습 안내를 평소보다 조금 더 자세하고 꼼꼼하게 작성했다. 그리고 우리 반을 맡아 주시는 그 선생님을 위해 매 교과 내용을 자세히 기록해두었다. 어디까지 진도를 나갔으며, 아이들이 어느 부분을 어려워하는지, 또 어떤 특이사항을 보이고 있는지까지 따로 기록을 해 두었다. 아이들에게 수업 중 매번 나누어주던 정리학습지도 미리 프린트해 책상 한편에 정리해 두었다.

내가 월요일에 평소처럼 출근을 하고 아이들을 만나게 된다면 금요일 퇴근 시간에 이런 준비까지는 하지 않았을지도 모른다. 어떤 수업을 하고 어떤 활동을 할지 생각은 했겠지만 미리 인쇄하여 순서대로 정리해두고, 하나하나 틀린 부분은 없는지 하루의 일과를 쭉 상상해 볼 생각을 하지는 못했을 것이다. 물론 교실 정리나 내 책상 위물건들을 깔끔하게 치우는 것 또한 이렇게까지 꼼꼼하게 하지 않았을 것이다.

내 교실에 다른 누군가가 온다는 것은 엄청난 부담과 책임감을 느끼게 하는 일이다. 그게 누구든 가볍게 여겨지지는 않는다. 지금도 여러 가지가 걱정이다. 워낙 활발하고 흥을 주체 못하는 우리 반 아이들이 어떤 태도로 수업에 임할지, 다른 반과 붙기로 한 농구 시합은 잘 진행이 될지, 청소는 잘 하고 갈지, 알림장은 어떻게 전해주어야 할지 등 사소한 하나까지도 걱정이 된다. 물론 새로 오실 그 선생님께서는 나보다 경력도 몇 배는 더 많으시고 아이들을 대하는 데에는 베테랑이시다. 짧게나마 함께 근무해 본 경험이 있기에 너무 좋은 분이라는 것을 알고 있는데도, 내 자식을 남에게 맡기는 것 같은 부담과 책임감이 느껴진다.

금요일 저녁 나는 모든 준비를 다 했다고 생각하며 퇴근을 했다. 주말에 따로 출근을 해서 무언가를 점검하고 확인하지 않는 이상 나 없는 하루는 이렇게 흘러가게 될 것이다. 아이들도, 새로 오시는 그 선생님도 만족스럽고 행복한 하루가 되길 바라며 열심히 예비군 훈련에 다녀와야겠다.

Chapter 4.

마음속에서는 언제나 줄다리기

텅 빈 담임과의 대화 시간

오늘은 교육과정 설명회가 있는 날이다. 보통은 일 년에 한 번 하기도 하고, 학기에 한 번 하기도 하는데 우리 학교는 학기에 한 번씩 교육과정 설명회를 진행한다. 흔히들 '학부모 총회'라고 부르는 그 행사다. 학부모들에게 학교의 교육과정이나 행사, 새롭게 변화한 것들 등에 대해 자세히 설명해 주려는 목적이다.

나는 교육과정 설명회에서 중요한 역할을 맡았다. 바로 프레젠테이션 자료를 클릭하여 때에 맞춰서 넘겨주는 역할이다. 내가 만든 학교 소개 영상으로 행사를 시작하고, 내가 만든 프레젠테이션 자료로 행사가 진행되며, 그 모든 방송 및 음향 장비를 내가 세팅하고 운영하게 되었다. 나는 방송 담당이니까. 그 모든 일들보다 더 긴장되고 크게 와 닿는 일이 바로 페이지 넘기는 것이다. 준비를 잘해두어도, 실전에 보이는 모습만을 가지고 누군가는 평가를 할 것이다.

오늘은 아이들과 6교시까지 수업을 하는 날이었다. 6교시 수업은 2시 50분에 마친다. 수업을 마치고 안내장을 나누어주고, 꼭 기억해야 할 것들을 알림장으로 안내하고 하다 보면 10분은 금세 지나간다. 행사 시간은 3시. 정말 촉박한 일정 때문에 마음 한 켠에서는 짜증이 나기도 했다. 너무 말도 안 되는 상황이라고, 나만 바쁘고 나만 힘든 상황인 것 같다는 생각이 들었다. 세팅을 하고 준비를 하자마자 바로 행사가 시작되었다. 보통 행사가 진행되는 동안 담임선생님들은 행사 이후에 진행될 '담임과의 대화' 시간을 위해 교실을 정리한다. 청소를 하고 자리 배치를 바꾸거나, 학부모들에게 나누어줄 자료를 준비하곤 한다. 나는 그럴 시간이 전혀 없었다.

과연 옳은 방향으로 일이 돌아가고 있는 건지 의문이 들었다. 나는 담임교사이고, 누군가의 담임이다. 학부모 교육과정 설명회에 온전히 설명을 들으러, 행사에 참여하려 학교를 방문하는 학부모는 거의 없을 것이다. 학교 교육과정의 흐름을 알고, 담임선생님과 아이의 교실, 아이의 활동을 알고 싶은 마음이 더 클 것이다. 하다못해 아이의 사물함이나 책상이 어떻게 정리되어 있는지, 요즘은 어떤 수업을 진행하고 있는지, 아이가 교실에서 주로 무엇을 하고 어떤 놀이를 하며 보내는지, 선생님은 어떤 사람인지, 선생님은 우리 아이들을 어떻게 가르치고 대하고 있는지를 알기 위해 방문할 것이다. 그래서 함께 모여서 설명을 듣는 행사에는 참석하지 않아도, 시간을 맞추어 교실로 방문하는 학부모들이 많은 편이다.

이런저런 짜증과 고민과 걱정을 한 가득 품고서 행사를 마무리했다. 학부모들은 행사장을 빠져나가 아이의 학급으로 하나 둘 이동했다. 대충 빠르게 정리를 하고서 나도 교실로 향했다. 교실 문을 열었을 때, 우리 교실에는 아무도 없었다. 한편으로는 안도하는 기분이 들었고, 다른 한편으로는 의아하기도 했다. 사실 학부모 총회는 경력이 얼마 되지 않은 나에게 가장 부담이 큰 행사다. 그런 행사에 아무도 방문하지 않는다는 것은 다른 학급들보다 일찍 행사를 마무리할 수 있다는 뜻이다. 부담감을 다른 학급 선생님들보다 조금 빨리 내려놓을 수 있는 것이다. 그럼에도 아무도 오지 않았다는 의아함 때문에 마냥 후련하게 마무리할 수는 없었다.

사실 2학기 학부모 총회에는 참여하는 학부모들이 많이 줄어든다. 이미 한 학기 동안 학교와 담임선생님에 대해 파악을 했기 때문일 수도 있고, 학부모 상담주간이 별도로 마련되어 있기 때문일 수도 있다. 나를 온전히 믿어주기 때문에 방문하지 않은 걸까? 내가 평소에 최대한 많은 정보를 학부모들과 이미 공유하고 있기 때문에 굳이 방문할 필요를 느끼지 못한 걸까? 아니면 뭔가 다른 이유가 있는 걸까? 이런저런 생각과 고민을 하게 되었다.

우리 학교는 규모가 큰 학교이다 보니 내 또래의 남자 교사들이 많다. 오늘 대화를 하다가 알게 된 내용인데, 주로 젊은 남자 교사가 담임으로 있는 학급에서 학부모들이 방문하지 않았다는 공통점이 있었다. 뭐 기대를 하지 않거나, 기대한 만큼 우리가 잘하고 있거나. 둘 중하나겠거니 하면서 즐겁게 퇴근을 했다. 오늘 교육과정 설명회를 진행하면서 또 한 걸음 교사라는 직업에 적응을 하게 된 것 같다. 언젠가 고민 걱정 없이 있는 그대로 받아들일 수 있는 날을 위해 또 하루 하루 열심히 살아야겠다.

없어서는 안 될 그것! TV

출근을 하면 교실에서 꼭 먼저 전원을 눌러 작동시켜주어야 하는 교실의 4대 천왕이 있다. 냉온풍기, 공기청정기, 컴퓨터, TV다. 나는 위에 적힌 순서대로 출근길에 작동을 시키며, 하루 종일 이 기구들의 도움 속에 생활하고, 퇴근 때에는 반대 순서대로 끄고선 퇴근을 한다. 사실 이중에 하나라도 없다거나, 아예 작동을 하지 않는다거나 혹은 원하는 대로 기능을 하지 않는 경우에는 수업과 활동에도 아주 큰 지장을 주곤 한다.

우리 교실에는 아주 큼지막하고, 그만큼 두툼하고, 화질은 선명하지 않으며 지이잉 하며 고주파 소리를 미묘하게 내뿜는 2009년형 TV가 달려있었다. 심지어 삼성 PAVV라는 모델명 시리즈를 가지고 있었으니, 얼마나 오래되었는지 듣기만 해도 알 수 있을 정도다. 수학시간이었다. 무언가를 설명하다가 아주 중요하다고 다시 한 번 여기를 보라고 말하고 있었던 것 같다. 그때 내 손에는 높이 달려있는 TV를 가리키기 위해 투명한 플라스틱 자가 들려있었다. 자로 TV를 톡톡 치면서 정말 열심히 수업을 하고 있었다. 그 톡톡 소리와 함께 TV 화면의 색깔이 제멋대로 변하기 시작했다.

갑자기 걱정이 되어서 TV 전원을 우선 껐다. 그렇게 TV는 다시 켜지지 않았다. 아무리 전원 버튼을 눌러도, 리모컨으로 조작을 해도 켜졌다는 붉은 LED 등만 들어올 뿐, 화면에는 아무런 반응이 없었다. 검은 화면밖에 보여주지 않았기 때문에 자세히 볼 수가 있었는데, 화면 안쪽에 미세하게 실금 같은 것이 나 있었다. 행정실에 이야기를 하고 AS 신청을 했다. 오후에 기사님이 방문하셔서는 너무 오래된 모델이라 수리할 수 있는 부품 자체가 없는 제품이라고, 즉 AS 자체가 불가능한 상황이라는 말씀만 남기고 떠나셨다. 행정실에서는 TV가 꼭 있지 않아도 되는 다른 공간에 있는 TV를 옮겨줄 것인지, 아니면 새 TV를 주문할 것인지를 한참 고민하였다.

결국 너무 오래된 TV였기에 새 TV를 사는 것으로 결정이 났다. 우리가 뭐 온라인 마켓이나 전자제품 매장에 가면 당일 혹은 익일 배송에 설치까지 깔끔하게 해 주지만, 100만 원이 넘는 제품을 공공기관에서 구매하다 보니 제품 설치일이 점점 늦어졌다. 거쳐야 하는 절차가 복잡하며, 업체에서도 빠르게 배송/설치해줄 필요를 못 느끼고 2주로 정해져 있는 기한만 맞추려고 노력한다는 답을 듣게 되었다. 우리 반은 TV 없이 그 기간을 지내야 했다.

'교사가 최고의 콘텐츠다'라는 말이 있다. 나는 무조건적으로 공감한다. 하지만 아무리 좋은 콘텐츠도 전달해줄 매체가 필요하다. 하물며 같은 교실 안에서 콘텐츠를 전달하려고 해도 TV만큼 확실하고 효율적인 매체는 없었다. 무언가 대책이 필요했다. 같은 학년에 한 선생님이 교실에 남는 빔 프로젝터가 있다며 그 기간 동안 사용해 보겠냐고 했다. 나는 조금의 고민도 하지 않고 덥석 감사하다고 했다.

이동식 빔 프로젝터라 평소 내가 생활하던 우리 반 교실 배치에서는 불편함이 많을 것 같았다. 그래서 빔 프로젝터를 이용하기 편리하도록 교실의 구조와 배치를 조금씩 바꾸었다. 이전까지는 '교실 배치를 이런 식으로 유동적으로 해도 되나?' 하는 생각이 들 정도로 상상치 못했던 배치였다. 나의 실수로 한 단계, 한 단계 점점 진행되어가는 사건이었지만, 정말 우연히 요즘 화두가 되고 있는 공간 혁신의 맛을 조금이나마 볼 수 있었던 것 같다.

처음에는 "어색해요, 이상해요"라며 TV를 그리워하던 아이들이 점차 그 시스템에 적응을 하게 되었다. 사실 TV를 사용할 때와 화면의 위치나 보이는 형식만 달라졌을 뿐, 크기나 선명한 정도는 비슷했다. 나 또한 빔 프로젝터를 사용한 수업이 너무 마음에 들었다. 교실 칠판이 화이트보드를 펼쳐서 넓게 활용할 수 있도록 구성되어 있는데, 화이트보드 한 가득 빔을 쏘았다. 그 사진 위에, 영상 위에, 문제 위에 직접 글씨를 쓰고, 풀이를 하고, 그림을 그리는 경험은 TV에서는 별다른 스마트 도구나 장치 없이는 경험하기 힘든 일이었다. 아이들도 그런 점에서 더 집중이 잘 되었고, 무엇보다 신기했기 때문에 좋았다고 이야기한다.

그렇게 며칠이 지나고 TV가 설치되었다. 이전의 TV보다 조금 더 커지고, 많이 얇아지고, 많이 선명해진 최신형 TV였다. 처음에 TV가 고장 났을 때는 걱정거리였는데, 다행스럽게도 전화위복이 되어 더 큰 발전으로 다가왔다. 아이들은 언제 빔 프로젝터에 푹 빠졌었냐는 듯 TV를 다시 사랑하게 되었고, 나 또한 더욱 개선된 TV 환경 덕분에 조금은 더 폭넓은 자료를 준비하여 보여줄 수 있었다.

TV는 개별화된 자료를 제공하기에 아주 나쁜 수업 보조 도구다. 모두에게 일괄적인 자료와 정보만을 제공할 수 있으며, 너무 시각적인 자극만을 주는 도구다. 그래서 일각에서는 TV가 아닌 다른 다양한 매체를 활용한 교육을 개발하여 실시해야 한다고 주장한다. 나 또한 어느 정도 공감한다. 교사는 그 자체로 최고의 콘텐츠라는 말이 너무나도 타당하다. 하지만 TV가 주는 학습 활동의 이점을 대신할 만한 매체나 콘텐츠가 충분히 보급되어 있지 않다. 언젠가 학교에서 TV를 사용한다고 말하면 옛날 사람 보듯 놀림 받는 날이 올 것이다. 분명히 그런 날은 올 것이다. 더 좋은 것이 나타나고, 그것이 대세가 될 것이니까. 그때까지만이라도 조금만 TV를 사랑하려고 한다.

요즘은 TV에 손도 대지 않고 조심조심 잘 다루고 있다. 사랑하는 TV랑 멀쩡하게 오래오래 지내야지.

방과 후의 비밀스러운 대화

누구에게나 잠시 벗어나 휴식을 취하고 재충전의 시간을 갖는 공간은 반드시 필요하다. 학교에서 대부분의 시간을 보내는 나 또한 그러한 공간의 필요성을 느꼈다. 매해 구성원이 바뀌고, 그에 따라 분위기가 급변하는 학교에서 더욱이 그러한 안식의 공간이 중요하다고 생각한다.

아이들을 집으로 보내고 밀린 일을 처리하다가 틈이 생긴다면 억지로라도 휴식을 취하고 싶은 마음이 든다. 평소 대화를 자주 나누는, 말이 잘 통하는, 친한 또래 선생님이 있는 교실은 종종 방문하여 휴식을 취하고 재충전할 수 있는 좋은 공간이 될 수 있다. 그러한 공간에 간다고 하더라도 딱히 별다른 일을 하지는 않는다. 보통은 커피를 한 잔 타서 오늘 하루가 어땠는지 이야기를 나누거나, 교실에서 아이들과 함께 할 수 있는 활동을 공유하기도 한다. 그럼에도 결국은 "내가 세상에서 제일 피곤해"라는 주제로 대화를 끝내곤 한다.

하루 6시간을 쉼 없이 말하며 지내야 하는 선생님에게, 또 다른 말하기 시간이 간절히 필요하다는 것이 조금은 이상하다. 목이 갈라져 가며, 때로는 목을 다쳐가며 쉼 없이 이야기하는데 그 스트레스를 해소하는 데 또 다른 말을 하려고 하니 말이다. 그러나 많은 선생님들이 안정을 찾기 위하여 나름의 사랑방에 모여들고, 함께 대화를 나누는 모습을 보니 나에게만 그러한 시간이 필요했던 것은 아닌 듯싶다.

큰 학교에서 근무를 오래 하다 보니 특이한 현상이 자주 일어난다. 50명이 넘는 교직원들 중 한 해 동안 단 한 번도 이야기를 나누어보지 못한 선생님이 있다는 점이다. 심지어는 어떤 선생님들의 이름을 들어도 얼굴이 떠오르지 않거나, 얼굴을 보고도 선생님인지, 학부모인지, 방과 후 강사님인지 알아차리지 못하는 경우도 많다. 방과 후 시간에 오며 가며 여러 선생님들과 대화를 나누다 보니 점차 다양한 선생님들과 서로에 대해 알 수 있게 되었다.

이러한 어색한 관계들이 있는 반면, 몇몇 선생님들끼리는 또 상상하지 못할 만큼 친하게 지내곤 한다. 마치 고등학교 친구처럼, 대학교 동기처럼 많은 시간을 함께 보내곤 한다. 나의 경우에 고등학교 친구들은 다양한 지역으로 뿔뿔이 흩어져 자주 볼 수가 없다. 또한 나는 내가 지금 있는 지역에서 너무나도 먼 곳에 위치한 대학을 졸업하였기 때문에 동기들을 만나기는 더욱 어렵다. 이러한 나의 상황에서 볼 때, 친한 선생님들이 여럿 생겼다는 점은 아주 반갑다. 친한 선생님들을 하나 둘 새로 만나게 되고, 깊은 공감대를 쌓는 이러한 방과 후의 대화 시간은 나에게 더욱 특별하고 소중하게 다가온다.

내가 2014년 첫 발령을 받은, 그리고 지금까지 나의 교직생활 전체를 차지하고 있는 유일한 학교, 이곳만 이러한 분위기를 지니고 있을지도 모른다. 학교를 옮겨가야 하는 나의 입장에서 이러한 따뜻한 분위기가 대부분의 학교에서 이어지고 있었으면 좋겠다. 매년 구성원이 바뀌고 스스로 적응하며 살아가야 하는 것이 당연시되는 교직사회에서 마음이 맞는 친한 선생님들을 만나고 더욱 가까워질 수 있는 이런 분위기는 너무나도 소중하기 때문이다.

오늘도 선생님들과 모여 즐거운 시간을 보냈다. 좋은 사람들과 서로 즐겁게 지낼 수 있다는 것만으로도 모든 것이 용서되고 이해되는 것 같다. 내일도, 모레도 나는 즐거운 일과 슬픈 일, 화나는 일과 놀라운 일들을 선생님들과 함께 나누고 해소하고, 재충전하는 이 시간을 즐길 것이다. 커피 한 잔과 함께 말이다.

퇴근하면 업무가 끝난다고요?

　일을 하다 보면 시간이 항상 부족하다. 최대한 시간 내에 열심히 해보겠다고 다짐을 하는데도 물리적으로 불가능한 상황이 꼭 생기고 만다. 평일에 늦게까지 남아서 일을 하기도 쉬운 상황은 아니다. 끝나고 있는 약속이나, 무슨 무슨 연구회나 모임 같은 것들도 포기할 수는 없다. 가장 중요한 것은 나의 쉬는 시간이다. 나는 주로 정적인 휴식을 좋아한다. 집에 가면 운동하는 시간을 빼고는 대부분 차분하게 모든 것을 잊고 쉬곤 한다.

　그러다 보니 남아있는 여러 일들을 처리할 수 있는 시간은 주말뿐이다. 이틀밖에 안 되는 주말 중 꼭 하루 이상은 학교에 나와 일을 하는 것 같다. 남들은 무슨 일을 그렇게 많이 하냐고, 왜 이렇게 혼자서만 일이 많냐고 물어본다. 그러게나 말이다. 나도 작년까지는 틈만 나면 조퇴를 쓰고 여기저기 잘 돌아다녔다. 그런데 올해는 왜 이리 정신이 없고 여유마저 없는지 모르겠다.

주말에 학교에 오면 모든 문이 잠겨있다. 딱 한 군데 출입할 수 있는 문이 있는데, 그마저도 당직 기사님께 초인종을 누르고 문을 열어달라고 말씀드려야 하는 그런 곳이다. 당직 기사님은 두 분이 계신데, 하루씩 번갈아가며 일을 하신다. 주말을 이틀 내내 나오는 경우가 많다 보니 모든 당직 기사님들을 뵙게 된다. 그분들도 의아해하실 것 같다. 왜 그리 혼자만 매일같이 학교에 나오느냐고.

처음에는 좋았다. 항상 붐비고 정신없이 돌아가는 학교에 익숙해져 있는 상황에서 조용하고 차분한 학교를 만나게 되니 말이다. 여유롭게 교실 정리도 하고, 수업 준비도 하고, 해야 할 일들을 하나하나 오로지 나의 페이스대로 진행하고 끝내는 것이 좋았다. 그런데 지금은 아니다. 지금 상황은 주말이 더 바쁘고 치열하다. 그러다 보니 일주일 중 제대로 된 휴식을 취하는 시간이 점차 줄어들고 있다.

보통 아침에 늦잠을 자다가 10시나 11시쯤 학교에 나온다. 오는 길에는 항상 커피를 한 잔 사서 오는 것이 습관이 되었다. 주말에도 일하러 가는 나에게 주는 작은 선물 같은 의미다. 커피를 가지고 3층에 있는 교실로 향한다. 1시~2시까지 일을 하고는 고민을 시작한다. 과연 학교에서 점심을 해결해야 할 것인지, 아니면 이 정도로 마무리하고 학교를 나설 것인지. 최근 들어서는 간단하게나마 학교에서 점심까지 해결하는 횟수가 점점 늘어나고 있다. 혼자 나가서 음식을 사오거나 배달을 시키는 경우가 훨씬 많긴 하지만 때때로는 주말에 출근하는 선생님들과 함께 간단한 점심을 먹는 경우도 있다.

주말에는 시간이 정말 빠르게 지나간다. 일을 하는데도 시간이 빨리 지나간다. 나는 놀거나 쉴 때만 시간이 빨리 지나간다고 느껴질 줄 알았는데 그게 아니었다. 사실 이 글을 쓰고 있는 지금, 나는 토요일의 조용한 학교에 있다. 오전부터 조금 전까지도 영상을 편집했다. 당장 월요일 아침 시간에 전교 교실에 내보내야 하는 방송을 만들어야 한다. 미리미리 하지 왜 당장 주말까지 미뤄 두었냐는 궁금증을 가진 사람들이 있을 것이다. 바로 어제, 그러니까 금요일까지 실시한 캠페인을 촬영해서 만드는 영상이다. 나는 출근을 하지 않았더라도 주말 내내 영상을 자르고 붙이며 시간을 보내야 했을 것이다. 젊고 집이 가까운 내가 주말 시간을 학교 일에 반납하는 게 당연하다는 듯 일은 흘러간다.

큰 일 하나를 끝내면 또 다른 자잘한 일들이 밀려온다. 사실 하나하나 해내는 성취감은 분명히 있다. 그것이 개인적인 성취였다면, 나 자신의 성장을 위한 성취였다면 더욱 좋았을 것을. 내가 이렇게 열심히 주말까지 반납해가며 일한 결과로 내가 온전히 성장할까? 학교가 눈에 띄게 발전할까? 학생들이 한 단계씩 나아갈 수 있을까? 오늘만큼은 일을 너무 하기 싫어서 이런저런 허튼소리를 해본다.

너무도 소중한 회식 시간

선생님들은 회식을 자주 한다. 회식이라고 부르기 애매한 작은 모임까지 합한다면 거의 매일 무언가를 먹으며 얘기하는 시간을 갖게 된다. 나는 회식 자리에 되도록이면 빠지지 않고 참여하려고 하는 편이다. 이유는 두 가지인데, 우선 여기서 나누는 이야기가 도움이 되는 경우가 많기 때문이고, 나 몰래 쌓인 스트레스나 피로가 풀리는 경우도 많기 때문이다.

회식에서는 이런저런 이야기를 나누게 된다. 모두가 같은 공간에서 근무를 하다 보니 학교에 대한 이야기가 주를 이룬다. 선생님들은 저마다 자기 반에서 있었던 이야기들, 일을 처리하면서 있었던 이야기 등 학교 이야기들을 나누곤 한다. 학교에서 벗어나서 또다시 학교 이야기를 한다는 것이 지겹게 느껴질 때도 있지만, 학교의 이야기를 온전히 이해하고 공감해 줄 수 있는 사람들과의 대화라는 점에서 이러한 대화가 반갑기도 하다. 이야기를 나누다 보면 너도나도 서로 말하고 싶어서 분위기가 금세 화기애애해진다.

　이러한 자리에서 나오는 이야기들은 대체로 직접적인 도움이 되는 경우가 많다. 나는 나이도 어린 편이고, 경력도 적은 편에 속하기 때문에 회식 자리를 함께 하는 대부분의 선생님들이 선배들이다. 대화를 주고받다 보면 선배 교사들은 대부분 경험에서 나오는 좋은 이야기들을 통해 도움을 주곤 한다. 하지만 그렇게 전해주는 노하우나 사례들보다도 더욱 마음을 울리는 도움이 있다. 내가 학교생활을 하면서 힘들어하는 일들, 걱정하는 상황들을 이해하고는 이겨낼 수 있도록 다독여주거나 응원해주는 경우다. 깊은 공감을 받는다는 느낌을 통해 진심 어린 감동을 받는 경우가 참 많다. 그런 점에서 나는 정말 많은 도움을 받고 있는 것 같다.

　회식은 스트레스 해소에도 큰 도움이 된다. 앞서도 이야기했지만, 같은 일을 하는 사람들끼리 밥을 먹으며 이야기를 나누다 보니 부연설명도, 가감도 없다. 있는 그대로 이야기하고 털어내면 그만이다. 일하면서 받았던 스트레스나 답답함도 바로 해소가 된다. 만약 이런 과정이 없다면 오랜 시간을 이어나가기 힘들 것 같다는 생각이 들곤 한다.

　사실 회식을 하고 나면 몸이 힘들긴 하다. 늦은 시간까지 자리를 이어나가기 때문이고, 술을 한 잔 두 잔 곁들이기 때문이다. 나는 대학교 때 술을 그리 잘 마시는 편은 아니었다. 교사가 되어 회식에 몇 차례 참석했다고 주량이 눈에 띄게 늘어나는 것은 아니지만, 한 가지

늘어난 것이 있다. 바로 다음날 멀쩡하게 지내는 능력인 것 같다. 정해진 시간에 시작하는 학교생활에 적응이 되어서인지 출근하고 아이들과 이리저리 뛰어다니며 즐겁게 생활하는 데에도 아무런 지장이 없다. 신기한 일이다.

내가 정말로 교사가 되어가나 보다. 그것도 학교에 적응을 완료한 교사가 되는 것 같다. 회식을 하면서도 학교 이야기로 스트레스를 풀고, 술을 한 잔 마시면서도 학교 이야기를 안주 삼는다. 늦은 시간 집에 들어와 잠을 자고도 매일 출근을 위해 맞추어 둔 알람 시간이 되면 저절로 눈이 떠진다. 학교에 도착하는 시간에 맞추어 컨디션은 알맞게 회복이 된다. 나는 이러한 회식 시간 덕분에 선생님으로 생활하고 살아가는 데 만족하게 된 것 같다. 익숙하면서도 만족스러운, 또 즐겁게 지내는 지금 생활이 너무 행복하다. 학교를 옮기고 새로운 환경에 녹아들어 가면 어떻게 변할지는 모르겠지만, 내 바람은 이런 학교 분위기를 오래 마주하는 것이다.

아이들도 선생님도 급식을 기다립니다

학교에서 일하면서 좋은 것들 중 하나는 바로 급식이다. 아주 신선하고 질 좋은 국내산 재료로 만들어진 정성이 많이 들어간 음식이기 때문이다. 학교마다 영양 선생님에 따라 나오는 음식의 종류나 맛이 다르겠지만, 우리 학교는 내가 먹어본 급식들 중 최고의 맛을 자랑한다. 우리 학교에 전입오는 선생님들 모두가 인정하는 부분이다.

나는 담임을 맡기 전까지 교과 전담 교사를 오래 했었다. 우리가 흔히 생각하는 영어 선생님, 체육 선생님과 같이 특정한 교과만 가르치는 교사를 교과 전담 교사라고 한다. 이때 좋은 점은 밥 먹는 시간이 자유롭고 또 여유롭다는 점이다. 수업이 없다면 정해진 시간 내에서 원하는 때 식당에 가서 밥을 먹으면 된다. 나는 주로 아이들이 밥을 먹으러 오기 전에 일찍 가서 밥을 먹곤 했다. 갓 지은 따뜻한 밥과 뜨거운 국물, 그리고 윤기 흐르는 반찬들을 누구보다 먼저 조용히 여유롭게 먹을 수 있는 장점이 있었다.

우리 학교는 꽤 큰 규모의 학교다. 학생 수가 많기에 식당이 두 개나 있음에도 시간을 나누어 운영해야 한다. 시간을 나누어 운영하면서도 그 안에서 학년별로 또 한 번 시간을 쪼개 운영하고 있는 상황이다. 저학년은 3교시를 마치고 점심시간을 갖고, 고학년은 4교시를 마치고 점심시간을 갖는다. 고학년 담임만 하다가 이번에 저학년 담임을 처음 하게 되었는데 실제로 밥이 차이가 났다. 고학년을 맡았을 때보다 1시간 정도 당겨진 것인데도 갓 지은 밥과 바로 한 반찬의 맛에 조금 더 가까운 느낌이라 너무나 만족스러웠다.

이렇게 만족스러운 급식을 먹고 있지만 항상 기분이 좋은 것만은 아니다. 항상 붐비는 식당을 마주해야 하고, 아이들의 자리를 확인해 주어야 하기에 너무 분주하다. 고학년 때에는 그나마 조금 여유롭게 운영을 할 수 있었다. 4학년은 A식당을, 5학년은 B식당을 각각 사용한다. 그리고 6학년은 반으로 나누어 A와 B를 이용한다. 1학기에 먼저 먹은 학년은 2학기에는 다른 학년을 위해 양보해주었다. 그렇게 체계적으로 돌아가니 자리가 부족해서 아이들이 무거운 식판을 들고 자리가 날 때까지 기다리다가 누군가와 부딪혀 쏟거나 흘리는 일이 거의 없었다. 실제로 팔 힘도 어른에 비해 매우 약하고, 균형 감각이나 상황 대처능력이 자라나는 중인 어린이들은 쉽게 식판을 떨어뜨리거나 쏟는 경우가 많다.

저학년에 와서도 비슷한 방식으로 운영을 한다. 1학년이 A식당을 쓰고, 2학년이 B식당을 쓴다. 그리고 3학년은 반으로 나누어 A식당과 B식당을 쓴다. 다만 다른 점은 1학기와 2학기 내내 1학년과 2학년이 먼저 밥을 먹는다는 것이다. 나는 밥을 천천히 먹는다고 불만은 없다. 그런데 아이들에게는 큰 불만으로 다가가는 듯하다. 아무리 설명하고 이해를 시켜보려고 하는데도 불공평하다는 의견이 많다. 학교에 아직 적응하는 시기인 1학년과, 아직은 도움과 보살핌이 많이 필요한 2학년에게 배려해주는 시스템 자체는 충분히 이해할 수 있다.

문제는 그것을 운영하는 데 필요한 작은 배려들이다. 점심시간은 한정되어 있다. 늦게 가는 학년들의 입장에서는 일찍 가는 학년이 모두 밥을 다 먹고 나오기만을 기다렸다가 식당에 들어갈 수도 없다. 그렇게 한다면 아이들이 밥을 먹고 자유롭게 쉬거나 노는 시간은 10분도 남지 않는다. 그래서 함께 정한 약속이 늦게 가는 반이 10분 정도만 천천히 가자는 것이다. 아이들은 밥을 의외로 빨리 먹는다. 그런데 일찍 가는 반에서 평소보다 5분, 10분 늦게 오면 이제 문제가 커진다. 우리는 약속한 제시간에 가서 밥을 먹는데도, 늦게 온 반이 '먼저 먹는' 학년이기 때문에 우리가 눈치를 봐야 한다. 실제로 우리 학년이 빨리 왔다는 항의를 듣기도 해야 했다.

맛있는 밥을 조금 더 넉넉하고 여유롭게 먹고 싶다. 아이들도 그럴 것이다. 매번 어린 동생들이 먹고 일어선 그 자리에 흘린 국물과 반찬 조각들을 선생님이 와서 걸레로 닦아줄 때까지 앉지도 못하고 무거운 식판을 들고 서있지 않아도 되도록…. 그렇기 위해 우리가 함께 정한 약속을 조금은 철저히 지키기로 다짐을 했으면 좋겠다. 물론 그 약속이 조금 더 공정하다면 더욱 좋겠지만 말이다.

내년에 나는 이 학교에 있을 수 있는 기간이 모두 끝나 학교를 옮기게 된다. 다행인 것은 현재 우리 학교에 근무 중인 영양사 선생님께서도 내가 가고 싶은 학교와 같은 학교를 희망하신다. 내년에도 맛있는 밥을 함께 먹을 수 있을 것 같아 너무 기대가 된다.

마음속에서는 언제나 줄다리기

학교에서 생활하다 보면 원치 않게 줄다리기를 해야 하는 경우가 많다. 마음속으로 말이다. 마음속으로 줄다리기를 하는데도 다 드러나 보이며, 승자와 패자가 보이곤 한다. 어느 정도 밀고 당기는 것은 어느 사회에서나 흔히 일어나는 일이겠지만, 매일 같이 줄다리기를 하다 보니 이제는 이게 맞는 일인가 싶을 때가 있다.

가장 먼저 아이들과 하루 종일 사소한 줄다리기를 해야 한다. 서로 다른 서른 명에 가까운 아이들의 필요와 요구를 들어주고 피드백을 해야 하는 상황에 처하다 보니 이러한 줄다리기가 불가피하다. 선생님이 마음대로 강요하다 보면 무서운 선생님, 학생인권침해, 아동학대라는 말이 너무나도 쉽게 나와 버리는 세상이니 말이다. 그 강요가 정말 비합리적이고 비인간적인 강요가 아닐 텐데도 말이다.

반대로 줄을 놓아버리고 아이들의 의견을 모두 받아준다면 그 또

한 큰 문제로 이어진다. 팽팽한 줄다리기에서 생겨나는 서로 간의 적당한 긴장감과 질서가 사라지게 된다. 아이들은 기세등등하게 본인들의 요구를 강하게 이야기할 것이다. 선생님은 본인이 계획한 여러 가지 교육적 활동을 제대로 이루어나가지 못하게 될 가능성이 매우 크다. 누군가는 그러한 교실을 보며 아이들을 생각하는 좋은 선생님, 아이들이 행복한 교실이라고 평가할 수도 있지만 마냥 그렇게만 볼 수 없다는 점은 모두가 알고 있을 것이다.

아이들과의 줄다리기를 끝내고 나면 선생님들과의 줄다리기가 시작된다. 학년과 학년 사이의 줄다리기도, 선생님과 관리자 사이의 줄다리기도 끊임없이 이루어진다. 큰 학교에서 일을 하고 있다 보니 정말 심하다 싶은 경우가 참 많다. 아이들의 문제가 선생님들 사이의 팽팽한 긴장으로 이루어지는 경우도 여럿 있었다. 대다수의 경우에는 모여서 이야기를 하거나, 회식 자리에서 술 한 잔 하며 이야기를 나누거나, 아니면 그냥 시간을 두고 흘려보내면 해결되는 경우가 많았다.

결국은 날을 세우고 줄을 아무리 밀고 당겨봐야 같은 일을 하는 동료일 뿐이다. 내년에 서로 옆 반을 맡게 될지도 모르고, 언젠가 다른 학교에서 어떤 모습으로 다시 만나게 될지 모르기에 다들 어느 정도 서로를 배려하려고 노력하는 것 같은 느낌을 받았다.

마지막은 학부모들과의 줄다리기다. 나는 개인적으로 이게 참 어렵다. 사실 줄다리기라고 표현하는 것도 적절치는 않다고 생각한다. 직접 마주하는 경우도 얼마 없고, 의견을 부딪힐 상황도 거의 없다시피 할 정도다. 하지만 아예 없다고는 할 수 없다. 경력이 많은(보통 학부모들보다 나이가 많은) 선생님들은 정말 아무렇지 않게 본인이 하고 싶은 말을 전달하곤 한다. 그러면서도 결국은 좋은 관계를 만들어서 학급 운영에 도움이 되는 상황으로 마무리 짓곤 한다.

글을 쓰며 생각을 해보니 나는 학부모들에게 항상 웃어주기만 했다. 그러면서도 무시당하는 말을 많이 들었던 것 같다. 나이나 학번을 먼저 물어보거나, 아직 결혼을 안 해봐서 선생님이 모르는 거다, 애를 안 낳아봐서 부모 마음을 모른다는 등의 이야기가 그렇다. 솔직히 나는 개의치 않는다. 전부 사실이니까 말이다. 나이가 어린 건 드러나 보이는 것이고, 결혼도 아이도 전혀 경험이 없다. 하지만 그러한 이야기를 선생님들과 공유하면 이야기를 들은 주변에서 더욱 민감해하며, 마치 놓으려던 나의 줄을 대신 잡아서 당겨주고 있는 모습처럼 보일 때도 있다.

좋든 싫든, 나는 앞으로 30년쯤 더 넘게 이런 줄다리기를 하고 살아야 한다. 지금도 사실 불만족스러운 상태는 아니지만 조금만 더 이러한 관계가 편해지고 안정적으로 이루어지면 좋겠다는 생각은 종종 하게 된다. 나도 언젠간 익숙해지겠거니. 언젠간 줄을 밀기로 혹은 당기기로 신경 쓰지 않고도 적당히 관계를 유지하며 살 수 있겠지. 그게 교직생활의 가장 큰 목표다.

갑작스러운 정전

오늘도 나는 어김없이 8시경 학교에 도착을 했다. 비가 내리지는 않았지만 금방이라도 비가 쏟아질 것처럼 날은 흐렸고, 사방에 안개가 자욱하게 깔려 있었다. 때문에 아침임에도 어두컴컴한 새벽녘 같았다. 출근길에 사온 따뜻한 커피 한 잔을 들고 3층 교실로 올라갔다. 평소 다른 선생님들보다 일찍 출근을 하는 탓에 복도와 교실이 어둑어둑한 것은 익숙했으나 평소와는 무언가 느낌이 조금 달랐다. 보통은 일찍 온 아이들이 중간 중간 불을 켜 놓고 친구들을 기다리곤 했는데 오늘은 불이 켜진 반도 있지만, 불이 꺼진 복도에서 서성이는 아이들이 많았다.

교실에 도착하고 교실 불을 켰다. 그리고 컴퓨터를 켰다. 윈도우 로그인을 한 뒤에 오늘 해야 할 일들을 살펴보고 있었다. 그때 교실 천장의 조명 몇 개가 미세하게 깜빡이는 것처럼 느껴졌다. 정확히 표현하자면 형광등이 지지직거리는 듯했다. 뭔가가 이상하다고 생각할 때쯤 친한 보건 선생님에게서 전화가 왔다. 학교 교문 앞까지 다 왔는데 빵이랑 커피 한 잔 사러 갔다 오자고 하는 전화였다. 마침 아침에 크게 해야 할 일도 없었고 해서 그 선생님을 만나러 내려갔다.

내려가는 길에 이제 막 등교하는 학생들이 저마다 "펑" 소리를 들었냐며 이야기하는 것을 듣게 되었다. 학교 주변에서는 별의별 일들이 다 일어나기에 별로 주의 깊게 생각하지는 않았다. 어디 풍선이 터졌거나, 자동차가 페트병을 밟았다거나 하는 소리라고 생각했다. 등교하는 대부분의 아이들이 "펑" 소리를 이야기하고, 어떤 아이들은 총소리 같다고까지 이야기를 했다. 불빛이 지지직거리는 것, 복도가 조금 어두웠던 것, 날이 여느 때보다 흐리고 안개가 자욱하게 끼었다는 것을 빼면 여전히 평화로운 아침이었고, 등굣길이었기에 아무 생각 없이 빵집으로 향했다.

나는 아침에 커피를 사 왔기 때문에 빵만 한 조각 사서 먹었다. 그리고는 교실로 향했다. 아직까지도 어두컴컴한 것은 오늘 날씨가 너무나도 흐린 탓이라 생각했다. 교실로 갔는데 컴퓨터가 꺼져있었다. 교실 불이 환하게 켜져 있는데 컴퓨터가 꺼진다는 것은 말이 안 되기 때문에 윈도우 업데이트가 자동으로 실행되었다거나, 어떤 아이가 실수로 컴퓨터를 껐을 것이라 생각하고 컴퓨터를 다시 켰다. 평소와 다르게 엄청 긴 시간이 지난 후에야 컴퓨터가 켜졌다.

1교시 수업을 시작했다. 국어시간이었다. 국어책과 TV 화면을 번갈아 보면서 수업을 이어나갔다. 이때, 아까보다 더욱 심하게 형광등

불빛이 깜빡였다. 아이들은 저마다 눈이 아프다며 한마디씩 말을 덧붙였다. 불을 차라리 끄고 수업을 하자는 말이 나올 정도였는데, 너무 어두운 날씨 때문에 책이 제대로 보일 것 같지 않았다. 그렇다고 계속 켜 놓고 수업을 하자니 깜빡이는 불빛 때문에 힘들 것 같았다. 아예 불을 꺼 버리고 책 대신 TV 화면을 보면서 수업을 이어나가기로 했다. 불을 다 끄고 TV에 볼 내용을 트는 순간, 컴퓨터와 TV와 공기청정기와 칫솔 살균기와 온풍기를 비롯한 교실의 모든 것들이 빛을 잃었다.

확실한 정전이었다. 중간에 "띠리링" 공기청정기 켜지는 소리와 함께 전기가 들어왔으나, 전등은 여전히 깜빡거렸다. 재빨리 컴퓨터를 켜서 수업을 이어나가려는 찰나에 또다시 모든 전기가 끊겼다. 수업이 10분 정도 남았는데 어찌해야 할지 정말 난감했다. 오후에 하기로 했던 바른 인성 어린이를 미리 뽑아야겠다고 생각하고 투표를 진행하려던 순간, 전기가 다시 들어오며 교감선생님의 안내방송 목소리가 들려왔다. 현재 정전이 자꾸 반복되어 안전 진단을 위해 모든 전기를 차단하고 복구공사를 시작하려 한다는 것이다.

1교시가 끝나고 급하게 교무실에 다녀온 학년 부장 선생님은 우리에게 소식을 전해주었다. 학교 바로 옆에 있는 전봇대 같은 전기 설비에 까마귀 한 마리가 달려들어서 전기 설비를 망가뜨렸다는 것이다. 그 때문에 폭탄 터지는 듯한 "펑" 소리와 함께 전기가 오락가락하면서 흘렀던 것이다. 물론 까마귀는 학교 구석 어딘가에 떨어져 죽었다고 한다. 전기가 온전히 통하지도 않는 상태에서 우리는 엄청난 양의 전기를 어떻게든 써보려고 껐다 켰다를 반복했으니 정말 위험한 상황이었던 것이다. 학교에서도 전문가의 의견을 듣고 화재가 발생할 위험이 있기에 모든 전기를 차단했던 것이다. 복구가 일찍 끝나지 않으면 급식도 문제고, 수업을 이어나가는 것도 문제가 될 수 있으니 오전 수업만 하고 조기 하교하도록 한다는 소식도 함께 전해 들었다.

2교시에 아이들은 다행히도 전기 문제와는 큰 관련이 없는 운동장으로 체육수업을 나갔다. 나는 학교를 돌아보다가 보건실에 갔다. 그곳에서 전기가 끊긴 이야기, 공사를 하러 오셨다는 이야기, 단축수업을 했으면 좋겠다는 이야기 등 수많은 이야기를 나누던 그 순간 다시 모든 불이 들어왔다. 곧이어 교무실에서부터 안내방송이 흘러나왔다.

"현재 모든 전기가 복구되어 정상으로 운영되고 있습니다."

안전사고의 위험에서 벗어난 것은 너무나도 다행이지만, 뭔가 평범한 일상으로 다시 돌아가야 하는 것이 조금은 아쉬웠다.

아이들이 돌아오고 난 뒤, 나는 차마 아이들에게 이야기를 하지 못했다. 전기가 조금만 더 늦게 고쳐졌다면 너희가 지금쯤 아마 집에 가고 있을 것이라고.

가끔은 휴식이 필요해

오늘 아침에는 왠지 출근을 천천히 하고 싶었다. 보통 여덟 시를 전후로 출근을 해왔다. 유독 이번 주에 이런저런 행사도 많았고, 바로 전날이 공휴일이었던 탓이 큰 것 같다. 집에서 느긋하게 나와서는 드라이브 스루가 있는 집 앞 카페로 향했다. 여러 가지 종류의 커피를 다섯 잔 주문해서 차에 담았다. 집에서 학교까지 워낙 가까운 터라 그 사이에 따뜻한 커피가 식는다거나, 아이스커피의 얼음이 많이 녹아버릴 일도 없는데도 빨리 전해주고 싶은 마음에 급하게 학교에 간 것 같다.

학교에 도착하자마자 몇몇 선생님들에게 문자를 보냈다. 커피를 사 왔으니 가장 가까운 1층 보건실로 어서 하나씩 가지러 오라고 말이다. 차에서 내려 커피를 들고 보건실로 가는 길에 여러 선생님들을 마주쳤다. 다들 다섯 잔의 커피를 간신히 한 손으로 들고 있는 모습을 힐끔거리며 인사를 하긴 했지만, 커피에 대해 묻거나 이야기를 꺼내지는 않았다. 그냥 그러려니 하는 듯했다. 각자의 일에 크게 신경 쓰지 않는 것이 우리 학교의 한 가지 매력이라는 생각이 문득 들기도 했다.

사실 내가 커피를 다섯 잔이나 산 이유도 참 특이하다. 평소 방과 후에 모여 커피를 자주 마시는 선생님들은 네 명이다. 나를 포함해서 말이다. 그런데도 다섯 잔을 가지고 온 이유는 우리가 커피를 마시는 동안 보건실을 방문할지도 모르는 누군가 때문이다. 다른 선생님일 수도, 행정실의 주무관님일 수도, 교장선생님일 수도 있다. 그 누군가에게까지 오늘은 베풀고 싶은 마음이었다. 나 스스로 마음의 여유를 억지로나마 만들고 싶은 날이었다.

결국 내가 있는 동안 아무도 보건실을 다녀가지 않았다. 보건 선생님께 누구든 오는 분께 커피를 드리라고 부탁하고는 계단을 올라가다가 우리 학년 부장님을 마주쳤다. 그렇게 그 커피는 우리 학년 부장님의 손으로 들어갔다. 커피 한 잔 덕분인지 오늘은 시작부터 마음이 편안했다. 전담시간 하나 없는 오늘의 수업들을 한 시간, 한 시간 이루어나가고 있었다.

2교시쯤 끝났을 때, 문득 오늘 오후도 여유로울 것 같다는 생각이 들었다. 급하게 해야 할 일도 없으며 예정된 상담이나 회의도 없었다. 바로 인터넷에 접속하여, 오늘 수업이 끝나는 시간부터 조퇴를 할 수 있도록 신청을 했다. 조퇴를 하고 학교를 나서면 무엇을 해야 할까 벌써부터 기대가 되기 시작했다. 얼마 전부터 해야 했지만 시간이 없다는 이유로 한없이 미뤄두기만 했던 일들이 생각났다. 병원에 가서 약을 받아와야 했고, 몇 주 전부터 한쪽 타이어에 공기압이 부족하다며 경고등을 밝히던 자동차를 정비해야 했다.

아이들을 집에 보내고 여유롭게 교실을 정리한 뒤, 1층으로 내려간다. 신발을 갈아 신고 학교 바깥 주차장에 세워둔 자동차를 찾아 걸어간다. 하늘도 맑고 바람도 선선하고 기분도 좋아진다. 속으로 혼자 생각했다.

'아, 이게 진짜 얼마만의 여유로운 오후인가.'

2학기 개학을 하고 이번 주까지 단 하루도 여유로운 날이 없었다. 꼬리에 꼬리를 무는 행사들과 업무와 상담과 회의들이 지겨울 만큼 계속되었다. 작년까지는 이런 여유를 그래도 종종 즐기곤 했는데, 올해는 왜 그러지 못했을까 하는 궁금증이 한가득 커졌다가 다시 사라진다. '이런저런 생각 하지 말고 그냥 여유로움을 즐기자'고 생각했다.

언제나 그렇듯 학교 바깥에서의 시간은 잘만 흘러간다. 어느새 네 시가 지나가고, 어느새 퇴근 시간이다. 그래도 나는 오늘 하고자 했던 일을 모두 다 해냈다. 병원에 가서 긴 시간을 기다려서 약을 받아오는 데 성공했고, 카센터에 가서 타이어 공기압을 점검하고 채워 넣었다. 그리고 편안히 엎드려 글을 쓰고 있다. 작년과 올해 나의 교직생활은 너무나도 다르다. 지쳐가는 것이 느껴지고, 정말 힘들어졌다. 아마도 이런 여유로운 휴식이 부족했기 때문이 아닐까 싶다. 가끔이라도 조금은 내려놓고 나를 위한 휴식을 만들어야겠다는 생각을 하게 된다.

짬을 내서 일을 처리하고, 무언가를 준비하고 잘하려고 노력하기보다는, 앞으로는 짬을 내서 휴식을 취하고 여유로움을 생각하고 즐기는 시간을 만들려 노력해야겠다. 그게 그 어떤 자기계발보다도 효과적으로 성장할 수 있는 방법이 아닐까 하는 생각이 든다.

개인정보 보호가 생명이다

요즘 우리나라 어느 회사나 기관이든 마찬가지겠지만 학교에서도 개인정보 보호에 아주 큰 노력을 기울이고 있다. 모든 일을 계획하고 추진하는 과정에서 개인정보 보호를 위한 대비를 함께 해야 한다. 그 결과로 개인정보가 실제로 잘 보호되고 있는지는 모르겠으나, 개인정보 보호에 대한 인식 수준이 높아진 것만은 사실이다.

학년 초에 한 장의 안내장이 나간다. 학생과 학부모의 개인정보 수집 및 활용 동의서다. 그 동의서에는 일 년간 우리가 수집하고 활용하기로 계획한 많은 활동들의 내역이 적혀있다. 입학식, 현장체험학습, 운동회, 학예회 등 아이들과 관련되어 이름이 쓰이거나 사진을 사용하거나 하는 계획이 있다면 모두 저 안내장에 포함되어야 한다. 거의 모든 학부모들은 교육활동상의 필요성을 이해하고 너그러이 활용 동의를 하여 제출한다.

그 후로도 매번 안내장을 내보낼 때 주의를 해야 한다. 보통 안내장은 한 번 내보내고 마는 형태보다는, 내보낸 뒤에 다시 서명을 받아 회수하는 형태가 더 많다. 그렇다 보니 학생의 학년, 반, 번호, 이름, 학부모의 이름, 간혹 전화번호까지도 받아야 하는 경우가 있다. 이럴 때에도 작은 칸을 만들어서 개인정보 수집 및 활용 동의를 받아야 한다.

개인정보 보호에 관련된 교직원 연수도 많이 들어야 한다. 수업이 끝나고 나면 개인정보가 왜 중요한지, 어떻게 지켜야 하는지에 관련된 연수를 다 함께 모여 들어야 한다. 따로 강사가 와서 설명을 해주는 경우도 있고, 교감선생님이 직접 배워온 내용을 전달해주는 경우도 많다. 보통은 하지 말아야 하는 경우의 예를 들어가며 설명해주는 경우가 많은데, 대부분 선생님들의 반응이 '아 저것도 안 되는 거였어?'일 정도로 개인정보의 세계란 생각하는 것보다 더 복잡한 것 같다.

수요일마다 아침에 출근하여 컴퓨터를 켜면 자동으로 두 개의 프로그램이 실행된다. 내 PC가 보안을 지키기 위하여 제대로 작동하고 있는지를 점검하는 프로그램과, 컴퓨터 내에 개인정보가 조금이라도 적힌 파일이 있지는 않은지 검사를 하는 프로그램이다. 모든 일을 대부분 PC로 하기 때문에 이러한 프로그램을 강제로 실행시키는 것에 대해 충분히 이해할 수 있다. 이 프로그램에서는 개인정보를 혹시라도 유출할 수 있을 가능성을 없애버리기 위해 설정을 하도록 권유한다. 말은 권장이지만 사실은 강제다. 프로그램 상에서는 80점 이상만

나오면 프로그램을 종료할 수 있지만, 그 후로 100점이 나올 때까지 학교 메신저와 내선 전화로 안내를 받게 된다.

그러한 프로그램을 실행시킴에 따른 불편함도 있다. 윈도우 PC의 특징인지는 모르겠으나 항상 최신 버전으로의 업데이트가 필요하다. 이 업데이트가 얼마 간격으로 나오는지는 모르겠으나, 매번 한두 개의 업데이트를 필수적으로 해야 하니 답답하긴 했다. 보안을 위해 항상 최신의 운영체제를 사용하는 것이 바람직하다는 것을 알기에 충분히 이해하고 넘어갈 수 있는 부분이다. 그리고 화면보호기를 반드시 설치해야 한다. 학교에서 수업을 하다 보면 화면을 10분 이상 틀어놓고 아이들과 활동을 하러 돌아다니는 경우가 많다. 그런데 화면보호기 설정을 해두다 보니 활동을 하다가 화면이 꺼져버려서 흐름이 끊기는 경우가 많았다. 아이들의 일과시간과 방과 후 시간을 구분하여 설정이 가능했으면 좋겠다.

오늘도 정보부에서 연락을 받았다. 개인정보가 포함된 문서 중에 암호 프로그램으로 보호되지 않은 파일이 9건이나 있다는 쪽지였다. 분명 내 기억에는 매번 검사에서 0건이 나와서 프로그램을 '무사히' 종료했던 기억뿐이라 오늘 다시 검사를 실행시켰다. 오늘도 역시 0건이 나왔다. 무언가 이상해서 지난 검사 기록을 살펴보았는데도 지금까지 실행한 모든 검사가 0건으로 '미검출' 상태였다. 프로그램에서 검출하지 못하는 개인정보 파일이 있는 것인지, 프로그램이 결과를 전송하면서 중간에서 문제가 생긴 것인지는 모르겠으나 이런 상황이 생겨버리면 매우 신경이 쓰이고 불편한 것이 사실이다.

개인정보는 모든 노력을 기울여서라도 보호해야 하는 것이 맞다. 아이들에게도 선생님과 학교가 개인정보 보호를 위해 노력한다는 것을 알려주고, 실제로 그 모습을 보여주는 것이 좋다. 아이들은 그렇게 말로 한 번 배우고, 행동을 보며 스스로 또 한 번 배우게 될 것이다. 개인정보 보호가 너무나도 자연스러운 현상이 되어 별다른 프로그램이나 별다른 교육 없이도 개인정보가 철저하게 보호되는 세상이 어서 왔으면 좋겠다.

교사 연구실의 비밀

지역마다 학교마다 운영하는 형태가 다르겠지만 대부분의 학교에는 교사들을 위한 연구실이 있다. 연구실은 다양한 기능을 한다. 수업에 필요한 자료들을 공동으로 구비해두고 사용하도록 보관하는 역할도 하고, 함께 모여 틈틈이 회의를 하여 학년의 중요한 사안을 결정하기도 한다. 그리고 하루 종일 끊임없이 이야기하느라 건조해지는 목을 위해 따뜻한 차 한 잔을 곁들일 수 있는 카페의 역할 또한 수행하고 있다. 우리 학교는 학년마다 별도의 공간을 두어 연구실을 운영하고 있는데, 다른 학교의 이야기를 들어보니 그렇지 않은 곳도 의외로 많은 듯하다.

이런저런 다양한 역할 중에서도 연구실의 기능 중 으뜸은 아무래도 복사기라고 생각한다. 교실마다 프린터가 있긴 하지만 연구실에 있는 비싸고 큰 복사기만큼 빠르고 쾌적하게 인쇄를 하기는 힘들다.

사실 교실 밖을 나와서 몇 교실만큼을 건너와야 하는 연구실이기에 수업이나 활동 중에 즉각적으로 인쇄를 하기는 힘든 것이 사실이다. 그렇지만 수업 준비를 한다거나 쉬는 시간에 미리 복사를 해 둘 때는 참 유용하다. 나는 교실의 컴퓨터를 연구실 복사기에 연결해두었다. 교실에서 미리 인쇄를 눌러 놓고 난 후에 슬며시 연구실에 걸어가면 복사가 딱 끝나 있어 매우 편리하다.

그다음으로 연구실의 좋은 점은 다양한 마실 거리를 구비해둔 것이다. 올해는 내가 연구실에 여러 마실 거리를 주문하는 역할을 맡아서 하고 있다. 믹스커피, 아메리카노, 라테, 보리차, 쌍화차, 현미녹차, 보이차, 얼그레이, 둥굴레차, 녹차라테, 캡슐커피까지 정말 다양한 종류를 갖추어 놓고 있다. 하루 한 번은 커피를 마시게 되고, 목이 아플 때에는 연근 우엉차나 생강 도라지차를 끓여 마시곤 한다. 몸이 따뜻해지는 기분이 들면 왠지 재충전이 되는 것 같다. 다시 교실로 가서 활기차게 생활할 원동력을 틈틈이 얻는 것 같아 뿌듯하다.

연구실에는 각 반의 이름이 붙여진 선반이 한 칸씩 있다. 여기에는 학교에서 배부하라고 보내준 각종 안내장과 자료들이 매일 채워진다. 쉬는 시간이나 종례시간에 나누어 주어야 할 것들이 있는지 살펴본 뒤에 하루를 마무리하곤 한다. 따라서 연구실은 해야 할 일을 놓치지 않고 할 수 있도록 하는 안내소의 역할도 하고 있다.

우리 연구실은 한쪽 벽면을 아주 커다란 화이트보드로 채워 넣었다. 구석에는 반 별로 성별에 따른 인원수를 적어두었고 남은 넓은 칸에는 각 반에서 사용해보니 좋았던 자료들을 정말 많이 붙여두었다. 가끔 연구실에 들러 화이트보드 쪽을 둘러보면 내가 계획하고 있던 것보다 훨씬 더 재미있고 효과적인 수업을 할 수 있는 자료들이 많다. 그럴 때 우리 반 인원수만큼 복사를 해서 가지고 간다면 수업이 또 한 번 업그레이드되는 것이다. 수업을 업그레이드하고 교육의 질을 높일 수 있는, 말 그대로 연구실의 역할도 충실히 수행하고 있다.

아이들이 모두 하교한 뒤에 한 차례 회의를 마치고 나면 출출할 때가 종종 있다. 점심으로 국수가 나왔다거나 점심을 예상보다 일찍 먹게 되는 그런 날에 말이다. 그런 날에는 종종 맛있는 간식을 주문해서 먹기도 한다. 치킨이나 피자, 탕수육 같은 음식들을 시켜서 함께 둘러앉아 먹으면 서로가 지내는 이야기를 자연스레 나누게 된다. 어떤 점이 힘든 상태인지 서로 이야기하고 도움을 주기 위해 노력한다. 경력이 많은 분들도 함께 지내기 때문에 저경력 교사로서 도움을 받는 경우가 참 많다. 연구실은 내가 선생님으로서 또 한 번 배우고 성장하는 학교 안의 학교처럼 느껴진다.

나는 이렇게 연구실을 정말 좋아한다. 학교 안에 적어도 교실의 반의 반 크기라도 학년의 선생님들이 함께 이야기하고 쉴 수 있는 재충전의 공간이 있어야 한다고 생각한다. 내가 개교 준비위원으로 참여하고 있는 신설학교 위원회에서도 설계상 없던 교사 연구실을 만들어달라고 주장하여 결과적으로 만들기로 변경되었다. 교육의 질을 높이고 교사 스스로 재충전을 하며, 또 한 차례 배우고 성장하는 장소인 연구실을 잘 갖추어두고 내실 있게 운영하는 학교를 자주 마주하면 좋겠다.

동료장학 공개수업을 합니다

교사들은 일 년에 몇 차례에 걸쳐서 자신의 수업을 공개해야 한다. 보통은 학부모들을 초대하여 교사의 수업과 아이들의 활동을 공개하는 학부모 공개수업을 한 차례 하고, 동료 교사들과 함께 수업을 서로 공개하고 연구하는 동료장학 공개수업을 한두 차례 추가로 실시한다. 학교마다 실시하는 횟수가 다르긴 하지만 적어도 일 년에 한 번 이상의 공개수업은 꼭 하게 된다고 보면 될 것이다.

나는 다음 주 금요일에 동료장학 공개수업이 예정되어 있다. 처음 발령을 받았을 때 우리 학교는 조금은 특이한 방법으로 공개수업을 진행하고 있었다. 모든 교사들이 2~3명씩 팀을 이루도록 하였다. 그리고는 그 팀마다 한 시간 분량의 수업을 공동으로 연구하여 결과를 내도록 하는 것이다. 그리고는 팀에서 대표 교사 한 명이 수업을 실제로 진행하는 것이다. 물론 사전, 사후 협의는 팀 이외에도 다양한 선생님들이 함께 참여하도록 하였다.

학년에서는 인접한 두 반씩 팀을 이루도록 하였다. 그리고 나는 담임이 아닌 교과 전담 교사였기에 같은 교과 전담 선생님과 팀을 이루게 되었다. 그런데 누가 실제로 수업을 할지는 암묵적으로 정해져 있는 상황이었다. 수업은 한 명이 하지만 공동으로 연구하고 준비하고 협의하는 과정이 있기에 팀원 모두가 수업을 하는 것으로 인정을 받았다. 따라서 암묵적인 규칙으로 저경력 교사가 주로 공개수업을 진행했다. 물론 공개수업을 하면서 다양한 의견을 듣고, 나의 부족함을 깨닫고 새로 성장할 수 있는 계기를 만들어갈 수 있었지만, 더 노련한 선배 교사들의 수업을 보고 배울 기회 자체가 없다는 점은 조금 아쉽기도 했다.

몇 해가 지나고서는 제도가 더욱 이상해졌다. 전 교사들 중 2급 정교사 자격을 가진 사람만 수업을 공개하라는 것이다. 교대를 졸업하고 임용시험을 통과하여 발령을 받으면 2급 정교사 자격증이 주어진다. 그리고 지역마다 다르지만 만 3년 이상을 근무하는 경우에 1급 정교사 자격을 받을 수 있다. 2급 정교사들은 아직 미숙하다는 이유로 수업을 공개해야 했다. 2급 정교사, 즉 저경력 교사들이 교사로서의 경험을 쌓는 과정에서 많은 도움이 필요하며, 수업을 운영하면서도 부족한 점이 많은 것은 사실이다. 하지만 형평성에서 큰 오류가 있다는 생각이 들었다.

학년 말에 교사들은 자신의 실적, 즉 교육활동을 평가한다. 정확한 수치를 통해 평가하기 때문에 공개수업 한 번, 두 번의 차이가 참 크다. 이 평가의 결과는 다음 해 초에 받게 될 성과상여금과 밀접하게 연관이 되어 있다. 만약 2급 정교사만 한 번의 공개수업을 하고, 1급 정교사는 공개수업을 하지 않는다면 2급 정교사가 훨씬 높은 점수를 받게 될 것이다. 정말 그렇게 운영이 되었다면 대다수를 차지하는 1급 정교사들의 불만이 매우 컸을 것이다. 당연히 제도를 만들고 규칙을 정하는 사람들은 이러한 것까지 생각을 해 두었던 것 같다. 2급 정교사가 학년의 모든 교사들, 교감, 교장을 비롯한 관리자들까지 지켜보는 와중에 수업을 한 번 하는 동안 1급 정교사는 원할 때 수업을 캠코더로 한 시간 촬영만 하면 됐다. 그것을 한 번의 공개수업으로 인정해주었던 것이다.

이러한 과정을 거치며 몇 해가 지나, 올해는 동료장학 공개수업 자체가 사실상 사라졌다. 모든 교사가 그냥 한 번의 수업을 캠코더로 스스로 촬영하여 보관하면 인정해주는 방식으로 바뀌었다. 솔직히 말하자면 편하다. 몸도 편하고 마음도 편하다. 그냥 하던 수업을 그대로 이어서 하면 된다. 녹화한 자료를 어딘가 모두가 볼 수 있는 곳에 공개적으로 올려두는 것도 아니고, 행여나 올려둔다고 하더라도 그 누구도 다른 사람의 수업을 찾아 볼만큼 관심이 없기 때문이기도 하다.

어른들이 아이들을 보며 깨닫고 배우고 더욱 성장하는 것처럼, 경력이 많은 교사들도 경력이 적은 교사를 보며 배운다고 한다. 사람은 누군가를 보면 어떻게든 배울 점을 찾아 성장하는 것 같다. 그러한 기대로 동료장학 공개수업이라는 제도가 시작되었을 것이다. 다른 사람의 수업을 보며 나를 한 번 돌아보고 반성하고 성장하도록 말이다. 이제는 틀어지고 틀어지고, 마지막 남은 부분까지도 전부 틀어져서 동료장학의 이름만 유지한 이상한 제도가 되었다. 적어도 우리 학교에서 말이다. 엄청나게 가슴 졸여가며 긴장하는 수업을 더 이상 하지 않아도 된다는 기쁨도 있지만, 한편으로는 이래도 되나 하는 찝찝함이 동시에 느껴진다.

우리 학교의 축, 친화회

학교마다 친화회, 친목회 등의 여러 이름으로 운영하는 모임이 한 가지씩은 있을 것이다. 학교뿐 아니라 각종 직장에서도 이러한 모임은 여러 경조사를 챙기고, 직원들이 서로 어울리며 지낼 수 있는 행사를 종종 계획하곤 한다. 희망하는 사람들은 매달 정해진 회비를 내며 친화회 활동에 함께 참여할 수 있다.

나도 작년에는 친화회 부회장으로 함께 일을 계획하고 진행했었다. 나를 포함해서 세 명의 선생님들이 함께 일을 했는데 사실 공식적인 업무가 아님에도 불구하고 해야 하는 일이나 신경 써야 하는 것들이 너무나 많았다. 그래서 올해 일을 계획하고 진행하는 선생님들의 노력과 마음 쓰임을 알기에 행사에 누구보다 적극적으로 참여하려고 노력 중이다.

오늘은 근교에 있는 낮은 산책로에 함께 가기로 했다. 20분 정도 걸어 올라가는 둘레길 느낌의 코스로, 중간에 카페도 있고, 올라가서는 크고 웅장한 절이 위치한 그런 장소였다. 학년별로 각자 차를 타고 이동하여 각종 이벤트를 진행하기로 되어 있다. 중간에서는 사진을 찍어주는 이벤트도 계획이 되어있고, 위에 있는 절까지 올라오는 선생님들에게는 학교 주변의 카페에서 사용할 수 있는 커피 쿠폰도 선물로 준다고 한다. 새롭고 즐거운 계획인 것 같아 기대가 된다.

작년의 나도 그랬지만 올해 친화회를 운영하는 선생님들도 가장 신경 쓰이는 부분이 불만에 대처하는 방법이라고 한다. 50명이 넘는 교직원들을 모두 만족시키는 행사를 한다는 것은 불가능한 것 같다. 아이들도 마찬가지지만 선생님들 또한 사람이기에 성향이 모두 다르고, 좋아하는 활동이 모두 다를 것이다. 사실 어느 정도 이해를 해 주면 좋겠지만 좋은 건 좋다고, 싫은 건 싫다고 말을 꼭 해야 하는 성격을 가진 분들이 있으니 그마저도 이해를 해야 하는 상황인 것 같다.

작년에 친화회를 하면서 가장 큰 배움은 '모두를 만족시키는 방법은 없다'는 것이다. 어떤 의도를 가지고 어떤 계획을 해도 누군가는 불만이 생기곤 했다. 처음에는 그러한 불만의 표현에 너무나도 섭섭했다. 좋은 의도로 계획하고 의견을 수렴하여 진행한 행사인데도 불구하고 욕을 먹고 있다는 생각이 들었기 때문이다. 하다못해 "지들이 뭔데…"라거나, "승진에 눈이 멀어서…", "어른들의 '아니오'라는 말은 긍정의 표현일 때도 있는데 젊은 사람이 그런 것도 모르냐"는 말까지 들었으니 몇 년 되지도 않은 신규교사 입장에서는 섭섭하고 충격적일 만했다는 생각이 지금도 든다.

행사를 진행하는 과정에서도 조금은 어려움이 있었던 것 같다. 나는 막 나서거나 무언가를 사람들 앞에서 하는 것을 잘하지 못한다. 그래서 항상 행사 때 민망하고 당황스러운 상황이 있었다. 모두의 앞에서 진행을 해야 하거나, 선물을 나누어 준다거나, 안내를 해야 하는 경우에 도통 자신감이 붙지 않았지만 일 년을 하다 보니 조금은 익숙해진 것 같기도 하다. 결과적으로 본다면 성격이 조금 바뀌고 친밀도가 높아진 것 같아서 나름 뿌듯한 점도 없지는 않았다.

이러한 힘듦과 마음 쓰임을 모두가 알고 있기에 매년 친화회 회장, 부회장, 총무를 뽑는 날이면 싸한 분위기가 돈다. 아무도 그 자리를 맡고 싶어 하지 않기 때문이다. 부담스럽고, 공식적인 업무 외에 새로 할 일이 생겨나는 것이기 때문이다. 모두가 눈을 피하고, 혹시라도 추천을 받게 되면 이런저런 이유를 들어가며 거절하기 바쁘다. 누군가 하겠다는 사람이 나타나도 마음이 편해지지 않는 것 같다. 이러한 답답한 모임이긴 하지만 필요성이 명확하고, 좋은 점이 조금씩이라도 남아 있기에 없애거나 줄일 수 없는 것 같다. 이왕 하는 것 마음을 모아가며 지낸다면 정말 좋을 텐데, 아쉬운 점이 많이 남는다.

여기도 선생님, 저기도 선생님

나는 대학교에 다니던 4년을 제외하고는 같은 도시에서 쭉 살고 있다. 내가 태어난 곳이자 초, 중, 고등학교의 모든 학창 시절을 보냈던 곳에서 다시 생활하고 있다. 이곳에서 내가 초등학교 교사로 발령을 받아 일을 하고 있으니 가끔은 이런 이어짐이 신기하기도 하다. 지난 몇 년 사이에 크게 느껴지는 부분이 있다. 우리 도시에는 왜 이렇게 선생님들이 많은가 하는 궁금증이다.

나는 글을 쓰기 위해 내가 자주 방문하는 한적한 카페에 왔다. 차를 타고 외곽으로 한참을 달려 나와야 하는 깔끔하고 아담한 카페다. 계절마다 바뀌는 뒷산의 풍경이 벽을 가득 차지하고 있는 창문으로 아름답게 들어오는 그런 카페다. 카페는 항상 조용하고 따뜻한 음악이 가득하며, 이곳을 찾아오는 손님은 그리 많지 않다. 나는 조용히 일을 하거나 글을 쓰거나 시간을 차분하게 보내고 싶은 날 이곳을 찾는다. 오늘도 그런 날이었다.

들어가자마자 한 테이블에만 손님이 있는 것을 보았다. 나는 그 옆쪽 노트북을 충전할 수 있는 테이블에 자리를 잡고 주문을 하러 갔다. 가는 길에 무심코 옆 테이블을 흘깃 살펴보니 두 손님은 부부 사이인 것 같았다. 4,50대 정도 된 부부였다. 여성분은 도서관에서 빌려온 책을 편안하게 읽고 있었고, 남성분은 노트북으로 무언가에 사용할 PPT 자료를 제작하는 듯했다. 일부러 쳐다본 것도 아니었으며, 사생활을 침해할 만큼 뚫어지게 볼 마음도 없었기에 그저 스쳐 지나갔다. 그리고 커피와 함께 마실 당근케이크를 주문하고 돌아오는 길에 남성분이 가지고 있는 초등학교 교사용 지도서가 눈에 들어왔다. 나는 두 분이 초등학교 교사 부부라고 확신했다. 그 후로 간간히 귓가에 스치는 두 분의 대화가 그러한 확신을 더욱 강하게 만들어 주었다.

이러한 경험이 한두 번이 아니다. 주말이나 퇴근 후에 종종 밖에서 식사를 하곤 하는데, 그때도 이러한 경우가 많았다. 식당이나 카페에 대부분의 테이블이 학교 선생님들로 가득한 경우가 많았다. 나누는 이야기와 얼핏 들리는 대화의 주제, 그리고 가지고 있는 소품들이 선생님이라고 판단할 수 있을 만큼 충분한 확신을 주었다. 특히나 초등학교 선생님들이 참 많다. 초등학교 선생님들이 공유하는 어떤 스타일이나 성향이 비슷비슷해서 특정 식당과, 특정 카페를 주로 찾게 되는 것인지는 모르겠지만 어쨌든 신기했다.

학교 밖의 어떠한 장소에서 선생님으로 추정되는 사람들을 많이 만나게 되면 조금은 말소리가 줄어드는 경향이 있다. 무슨 비밀 이야기를 하는 것도 아닌데, 남을 깎아내리는 이야기를 하는 것도 아닌데도 왠지 조심해야만 할 것 같은 기분이 든다. 그들이 볼 때 나도, 우리도 한눈에 교사임을 들켰을까? 아닌 척 열심히 티 내지 않으려고 애쓰는 우리를 보면서 귀엽다고 생각하실까?

우리 도시는 공무원이 참 많은 곳이다. 도시의 규모나 인구는 그리 크다고 할 수도 없고 그리 작다고 할 수도 없는 평범한 동네. 그럼에도 주변의 도시들보다 관공서와 상급 기관들이 몰려있어 인구 대비 공무원의 수가 많은 것 같다. 그래서일까? 그러한 이유 때문에 학교의 수도 다른 곳보다 많은 걸까? 어디에 가도 선생님들을 만날 수 있는 이유가 그 때문일까?

선생님들이 누군가를 알고, 목격하고, 행동하는 이야기들을 학교에서 종종 한 적이 있다. "어떤 키 크고 마르고 안경 쓴 우리 학교 선생님 있잖아~ 어디에서 누구랑 있었대. 아무래도 OO 선생님이겠지?"라는 이야기는 당연히 어느 식당에서, 어느 카페에서, 어느 영화관에서, 어느 골목에서 마주친 누군가가 전해주었을 것이다. 서로 알지 못하더라도 낯이 익거나, 선생님임을 알게 되었다거나 하는 경우에는 그 사실을 꼭 누군가에게 이야기하곤 하는 것 같다. 경력이 얼마 되지 않아서 아는 사람이 턱 없이 적은 나로서는 '도대체 어떻게 나를 알고, 도대체 어디서 나를 보고, 도대체 왜, 누가 이런 이야기를 하는 거지? 무슨 의미가 있지?' 싶은 생각이 가득해진다.

첫 발령을 받은 해, 퇴근길 집에 걸어가다가 횡단보도에 서 있었다. 마침 파란불이 켜졌고, 나는 친구와 걷기 시작했다. 그때 보행자

신호가 끝나기를 기다리는 차가 있는 줄도 몰랐다. 그 다음날 나는 친구에게 푹 빠져서 어른한테 인사도 안 하는 버릇없는 신규 교사가 되어있었다. 신호를 기다리던 그 차에 나이가 있으신 선생님이 타고 계셨다고 한다. 그 선생님께서는 그냥 그 사실을 이야기하셨을 것이다. 그저 나를 목격했다고. 누군가는 그 한 문장 이야기에 의도를 담을 것이고, 몇 차례 전해지다 보면 사실이 되어버린다. 며칠 뒤 목격한 그 선생님의 차는 짙게 선팅이 되어 있었다. 그 후로 나는 학교 근처에서는 나도 모르게 운전자가 누군지도 모르는 차들에게 가볍게나마 꾸벅 인사하는 버릇이 생겼다.

외국에서 살아보기? 원어민 선생님의 마음

우리 학교는 규모가 꽤 큰 학교인데도 지금까지 원어민 선생님이 근무를 했던 적이 없었다. 작년까지만 해도 그랬다. 올해 인사자문위원회를 통해 업무를 분장할 때까지만 해도 원어민 선생님이 오게 될 것이라는 것은 모르고 있었다. 그리고 2월 말, 개학 준비를 하던 도중 원어민 선생님이 오신다는 소식을 학교에서 알게 되었다. 그렇게 올해 우리는 원어민 선생님과 함께 수업을 진행하고 있다.

원어민 선생님이 한 분이라 모든 학년에 수업을 들어간다는 것은 사실상 불가능한 일이다. 그래서 이번 해 내내 5~6학년 영어수업에 주당 1시간씩 들어가기로 했다. 그리고 1학기 때는 추가적으로 4학년 영어수업에 1시간씩, 2학기 때는 3학년 영어수업을 1시간씩 함께 하기로 결정되었다. 그렇게 벌써 한 해가 지나가고 있다.

원어민 선생님은 남아프리카공화국에서 오신 분이다. 처음으로 원어민 선생님이라는 직업을 얻어 한국이라는 나라에 오게 된 분이다. 원래는 회사에서 사무직으로 일을 했으며, 우연한 기회에 원어민 교사를 지원하게 되었다고 한다. 지구 반대편 생소한 문화의 생소한 나라에 와서 지내는 것이 쉬운 일만은 아닐 터라 처음에는 걱정이 되었다.

여름이 다가오던 때 원어민 선생님과 조금은 진지한 대화를 할 기회가 생겼다. 평소 몇 차례 대화를 하고 몇몇 선생님들과 더불어 식사를 함께 했던 터라 조금은 마음을 열고 대화를 할 수 있었던 것 같다. 누구나 그렇겠지만 고향이 너무 그리운 그 시기가 온 것 같다는 말을 했다. 말도 안 통하고 음식도 생소하고, 문화나 분위기 자체가 너무나도 다른 곳에서 혼자서 살아간다는 것이 쉬운 일은 아닐 것이다. 여행을 가더라도 며칠 길어지기 시작하면 집이 그리워지곤 하는데, 일을 하면서 정해진 틀 안에서 지내야 하니 더욱 그랬을 것이다.

방학이 되자 원어민 선생님은 바로 고향, 남아프리카공화국으로 긴 휴가를 떠났다. 긴 휴가 후에는 아이들의 방학 중 영어캠프를 위하여 다시 출근을 해야만 했다. 나도 마음속 한 켠에는 다른 나라에 가서 일을 하며, 생활을 하고 현지인처럼 오랫동안 지내보는 경험을 하고 싶다는 생각이 가득하다.

나는 대학교 때부터, 아니 고등학생 때부터 대학생이 되면 꼭 워킹 홀리데이를 다녀오고 싶다는 생각을 했다. 교대에 합격하고 입학을 하고서 그러한 기대가 조금씩 사라졌다. 매번 어려워지고, 이상하게 바뀌어가는 임용시험 제도를 조금이라도 원활하게 통과하기 위해 사람들은 휴학을 하지 않았다. 심지어는 군복무까지 대부분 졸업 후로 미루어두고 졸업과 임용시험에 집중했다.

임용시험 후 바로 졸업을 했고, 졸업 후 바로 발령을 받아 일을 시작했다. 나는 워킹홀리데이를 갈 수 없는 상황에 처해 버렸다. 약 10년을 근무하기 전에는 1년간의 자율 휴직을 신청해 볼 수 있는 기회조차 없다. 사실 해외취업, 타 직종의 부부와 동반하는 해외체류, 유학 등을 제외하고는 해외에 간다는 이유로 휴직을 할 수 없다. 그러던 중 한 가지 희망처럼 다가온 공문이 있었다. 바로 재외 한국학교 파견교사 모집이다. 말 그대로 해외의 도시에 살고 있는 우리나라 국적의 아이들을 우리나라 교육과정을 바탕으로 가르치는 직업이다. 체류비와 급여를 동시에 주고, 2년 정도를 기본으로 근무하는 조건이었다.

지금까지는 지원해보지 못했다. 사실 경력 제한이 항상 있어왔기에 군휴직을 제외한 실 근무 경력이 5년도 되지 않은 나로서는 지원자체가 불가능했다. 요즘 들어서 경력에 제한이 없는 파견근무 희망자 모집 공문이 가끔씩 오곤 한다. 경력에 제한 없이 누구나 신청할 수 있는 만큼 지역이 다양하고 굉장히 멀다. '보츠와나'라는 나라 이름을 솔직히 이 공문을 통해 처음 알게 되었고, 위치도 처음 찾아보게 되었다.

여행을 길게 가는 것과 그 나라에서 직업을 가지고 책임감 있게 생활한다는 것은 마음가짐부터 부담감까지 굉장히 많은 차이가 날 것이다. 나도 그 부분에서 망설이고 있다. 우리 학교에 오신 원어민 선생님도 아마 같은 부담과 걱정을 느끼고 있을 것이다. 주변 사람들과 이야기를 나누고, 식사를 자주 한다고는 하지만 외로움과 단조로움, 답답함이 떨쳐내려고 해도 어쩔 수 없이 마음속에 자리할 것이다. 그래도 우리 학교에서 다양한 선생님들과 함께 지내는 경험을 바탕으로, 또 우리나라에서 겪는 여러 가지 일들을 바탕으로 설렘, 행복함, 따뜻함, 풍요로움으로 감정의 변화가 조금이라도 생길 수 있다면 좋을 것 같다. 그래야 나도 언젠가 마음 편히 다른 나라에 가서 일을 해보는 경험에 도전해볼 수 있지 않을까 싶다.

노이즈 캔슬링이 필요하다

이번 여름에 나는 처음으로 '노이즈 캔슬링'이라는 기능을 알게 되었다. 이어폰이나 헤드폰에 탑재되는 기술로 음악소리 이외의 바깥 소음을 들리지 않게 제거해주는 기술이라고 한다. 귀로 들어오는 소리의 파동과 정확하게 반대되는 파동을 들려주어 소음이 상쇄되어 사라지도록 하는 기술이라고만 이해하고 있다. 노이즈 캔슬링 기능을 탑재한 이어폰이나 헤드셋은 대체로 가격이 비싸기에 직접 구매하여 사용해보지는 못했다. 다만 전시되어 있는 제품을 30초 정도 체험해보기만 했다.

노이즈 캔슬링이 절실하게 필요한 순간들이 있다. 그런 값비싼 제품들을 말하는 것이 아니다. 지금 이 순간의 소음들과 여러 소리들이 마치 아무도 없는 듯 사라지는 그런 순간이 필요하다는 말이다. 주로 학교에서 그러한 기분이 종종 들곤 한다. 학교는 사람과 사람이 만나서 상호작용을 하는 곳이다. 학생과 교사, 학부모와 여러 직원들이 함께 상호작용하면서 하루하루 지나 보내는 곳이다. 그러한 곳에서 근무하면서 아무도 없는 듯한 그러한 고요함을 원하는 나도 참 아이러니하기는 하다.

이러한 생각은 몸의 문제, 마음의 문제가 동시에 생겨버린 탓에 나타난 것 같다. 먼저 몸의 문제가 스스로 느껴질 만큼 크게 다가온다. 앞선 글에서도 이야기한 적 있는 바로 청력 건강이다. 사실 청력 건강에 대해 인식하고 주의를 기울일 때만 하더라도 지금과 같이 문제가 깊게 느껴지지는 않았다. 그저 조심해야겠다는 마음과 심각한 수준에 이를 수 있다는 경고 정도로 생각했다. 그러한 생각을 한 지 두 달 정도 조금 넘었을 뿐인데 생각이 조금 바뀌었다. 이제는 더욱 깊고 폭넓은 문제 상황으로 인지하기 시작했다.

자동차를 타고 가면서 음악을 들을 때 설정하는 볼륨이 점점 커지고 있다. 그리고 아이들이 무언가를 질문할 때 "뭐라고?" 하며 되묻는 경우가 눈에 띄게 늘어났다. 이전에도 종종 "응?" 하며 되묻기는 했어도 대충의 내용을 파악하고 난 상태에서 정확한 디테일을 위해 물어보곤 했다. 요즘은 정말 전혀 무슨 말을 하는지 모를 정도로 알아듣기가 힘들어졌다. 이런저런 상황들이 우연인지는 모르겠지만 자꾸 겹쳐지다 보니 조금은 걱정이 되기도 한다. 조만간 있을 건강검진에서 자세히 점검을 해보려고 생각하고 있다.

마음의 문제도 노이즈 캔슬링 생활을 원하는 하나의 이유가 되곤 한다. 마음에는 여유가 없는데 수많은 소리들이 자꾸 들려오다 보니 곤란한 경우가 많아졌다. 조급해지고 답답해지고 마음속에서는 혼자 자꾸 싸우게 되었다. 그러한 마음의 문제는 몸의 문제로 드러나곤 하며, 가장 쉽게는 표정과 말투로 표현되기 시작했다. 드러낸 다음 바로 후회하게 될 나의 표정과 말투, 기분과 행동을 조절하기 위해서는 마음의 여유를 갖는 것이 중요하다는 생각이 들었다. 당장 마음의 여유를 찾을 때까지 복잡하고 번잡스러운 상황을 줄이고자 노이즈 캔슬링이 필요한 것 같다.

물론 학교에서 지내며 항상 이어폰이나 헤드폰을 착용한 채 수업을 할 수도, 회의를 할 수도 없을 것이다. 절대로 불가능한 일이다. 하지만 아이들이 모두 떠나간 교실에서 방과 후에 혼자 마음을 정리하고 하루를 돌아볼 시간을 가지고 싶다. 그때만큼이라도 아무런 소음이 없는 텅 빈 우주와 같은 공간을 느끼고 싶다. 매일 소음 건강 기준치를 초과했다며 울려대는 알림 창을 마주하며 보낸 낮 시간을 조용하고 평온한 오후를 통해 다잡고 싶다. 노이즈 캔슬링이라는 새로 알게 된 낯선 기술에서 아이디어를 얻어 생활과 삶을 조금이나마 더 개선하고자 노력해보자고 다짐한다.

학교장 재량휴업일, 쉴 때는 쉬어야죠

겨울방학, 여름방학을 빼고도 학생들과 선생님들에게 큰 기대가 되는 때가 있다. 바로 학교장 재량휴업일이다. 무슨 가족친화 방학, 효도 방학, 징검다리 연휴 방학 등 여러 가지 이름으로 불리고 있는 것 같지만 정확한 이름은 학교장 재량휴업일이다. 말 그대로 학교의 장인 교장선생님의 재량으로 학교를 쉬도록 할 수 있는 날이다. 물론 한 학기에, 한 해에 채워야 하는 수업 일수는 어느 정도 법으로 정해져 있기에 무작정 재량휴업일을 만들 수는 없다.

겨울이 되면 학교에서는 다음 학년도의 교육과정을 계획하고 작성한다. 각자 자기가 맡은 업무에 대해서 부서별로 모여 이번 해의 교육 활동을 되돌아보고, 개선해야 할 점과 신설해야 할 점, 폐지해야 할 점들을 나누고 반영한다. 아무래도 학교 학사, 교무에 관련된 일이기 때문에 재량휴업일에 관련한 결정은 교무부에서 이루어지는 것이 맞다. 그렇지만 아직까지 재량휴업일에 대해 선생님들이 함께 논의해서 결정하는 경험을 해 본 적은 없다. 보통은 결정된 결과만 받아보고 아쉬워하거나 만족스러워하며 내년의 계획을 짜곤 했기 때문이다.

우리 학교는 2년째 재량휴업일이 하루도 없었다. 남들 다 쉬는 징검다리 연휴에도 정상적으로 수업을 하고, 하다못해 개교기념일에도 학교에 나온다. 개교기념일에 국어 수업, 사회 수업을 하는 것은 아니고, 현장체험학습을 가거나, 운동회를 했다. 단 하루도 재량으로 쉬지 않다 보니 안 좋은 점이 많다.

무엇보다 아이들의 불만이 많다. 학원을 같이 다니는 다른 학교 아이들은 전부 다 쉰다고 하는데, 왜 우리 학교는 쉬지 않는지에 대해, 또 개교기념일에도 학교에 나와야 하는 이유에 대해 3학년 아이들조차 불만이 많다. 그리고 선생님들도 불만이 많다. 사실 징검다리 연휴를 하루 더 쉰 다음에, 목요일에 하기로 예정된 방학식을 금요일에 하면 된다. 다른 학교들이 그날 왜 쉬기로 했는지를 꼭 물어보고 내년도 교육과정을 편성하는 그런 과정을 거치면 좋겠다. 물론 나는 내년에 이 학교에 없겠지만 말이다.

그런 날에는 수업을 진행하기가 쉽지 않다. 학교라는 상황을 배제하고 보더라도, 그런 날은 연휴라고 부를 정도로 어딘가를 놀러 가기 좋은 날이다. 회사원들도 연차를 내거나 하는 방식으로 여행을 가거나 휴식을 취하곤 한다. 요즘은 가정에서 실시하는 '교외체험학습' 제도가 잘 되어있다. 그런 날에는 당연히 학교도 쉴 것이라 생각하고 가족들이 여행 계획을 잡곤 한다. 학교가 쉬지 않는다는 소식을 듣게 되어도 가족들은 여행을 취소하기보다는 '교외체험학습' 신청서를 제출하는 경우가 훨씬 더 많다. 많은 날에는 7~8명까지도 교실을 비웠던 때가 있었다. 선생님의 입장에서는 그런 날 수업을 진행하기엔 참좋긴 하다. 집중시키고 살펴보아야 할 아이들이 그만큼 줄어들기 때문이다. 하지만 진도를 나가기 또한 매우 애매하다. 그날 해야 할 수업 내용은 학교에 오지 않은 많은 아이들이 돌아온 뒤로 진도 나가기를 미루게 되고, 놀이를 하거나 다른 활동을 찾아 진행하곤 한다. 그날은 학교에 온다 해도 오지 않는 것과 다름없다.

할 때 하고, 쉴 때 쉬는 것이 가장 바람직한 방법이다. 아이들에게도, 선생님들에게도. 그리고 쉬는 것에 대한 책임은 다 함께 지게 된다. 방학이 하루 줄어들겠지만 35일의 방학이 34일로 주는 아쉬움보다는 모두가 쉬는 날 학교에 나와 온전한 활동조차 하지 못하며하루를 보내는 속상함이 더 크지 않을까 싶다. '모두가 즐거운 학교'는 정문에 플래카드를 걸어놓는다고 만들어지는 것이 아니다. 즐겁게 보낼 환경을 만들어줘야 모두가 즐거워진다. 즐거운 환경을 만들도록 결정하는 것도 교사이고, 그 즐거운 환경을 누리게 될 것도 교사들인데, 무언가 이유가 있었겠지만 지난 몇 년의 학사 일정은 조금 아쉽다.

내가 방송실에 있으면 우리 반 대피 훈련은 누가?

이번 주에는 두 번의 대피 훈련이 예정되어 있다. 수요일에는 안전 한국 훈련의 일환으로 오후 2시에 민방위 훈련을 겸한 지진대피 훈련이 예정되어 있다. 금요일에는 3교시에 전교생을 대상으로 화재 대피 훈련이 예정되어 있다. 마땅히 때가 되면 잊지 않도록 해야 하는 것이 대피 훈련이라고 생각한다. 안전보다 중요한 것은 없으니까.

나는 이번 주 훈련 스케줄을 보고 다른 걱정을 하기 시작했다. 나는 올해 이 학교에서 방송교육 업무를 담당하고 있기에 항상 훈련이 있는 날이면 준비해야 할 것들이 많았다. 왜인지 언제부터인지 방송교육 업무 담당자가 미리 내려가서 준비도 해야 하고, 사이렌도 직접 틀어야 하고, 화재 대피를 위한 안내 방송도 해야 하며, 교실로 아이들이 다시 들어간 뒤에는 안전교육 영상도 재생해야 한다. 그러다 보니 담임을 맡고 있는 나는 훈련 때마다 우리 반 아이들이 걱정이다.

나는 업무 때문에 1층에 있는 방송실에 내려가서 이런저런 방송장비 조작을 훈련 시간 내내 해야 하는데 우리 반에는 대피를 도와줄, 아이들을 인솔해 줄 교사가 없으니 말이다.

평소에는 도덕 수업을 대피훈련 시간으로 옮겨서 하곤 했다. 도덕 선생님이 교과 전담 교사로 따로 계시기 때문에 교실에서 함께 대피를 도와줄 수 있기 때문이다. 그런데 이번 주처럼 대피 훈련이 두 번이나 겹친 때에는 마땅한 답이 떠오르질 않았다. 학년 부장 선생님과 교과 전담 선생님께서 논의한 끝에 우리 반 대피 인솔은 어찌어찌 해결이 되었다. 다행이라는 생각도 물론 들었지만 한편으로는 씁쓸하기도 했다. 물론 내가 방송 업무를 담당하기 때문에 대부분의 기계 작동을 준비해 두는 것이 맞다. 하지만 훈련 시간에 음성파일, 방송 멘트, 영상파일의 재생 버튼을 눌러 실행시키는 것 정도는 누군가 도와줄 수 있지 않을까 싶다.

내가 담임이 아니었다면 아무런 힘듦이나 아쉬움 없이 알아서 해냈을 것이다. 나는 올해 실시한 4~5번의 대피 훈련을 우리 반 아이들과 한 번도 함께 해 본 적이 없다. 우리 반 아이들은 도덕 선생님, 체육 선생님 또는 처음 보는 선생님과 어색한 대피를 해야 했다. 진짜로 불이 나도 방송담당인 내가 내려가서 사이렌을 울려줄 때까지 기다리고 있을 거냐고 한 우리 학년 부장님의 말이 생각난다.

학교에서는 이런저런 이야기가 나오고 있는 것 같다. 우선 안전교육과 대피 훈련을 총괄하는 행정실에서는 아쉬움 섞인 이야기가 나온다. 어차피 행정실이나 다른 선생님들이 방송기기 조작을 하더라도 실수가 발생하거나 문제가 생길 경우에는 내가 내려가야 하므로,

애초에 내려와서 맡아 해주는 게 낫지 않겠냐는 식으로 말을 했다. 훈련을 계획하고 진행하는 단계에서 행사 진행에 관련된 부분과 함께 우리 반 아이들에 대한 대책도 함께 계획에 마련해준다면 조금은 마음이 편해질지도 모르겠다.

보통 대피 훈련을 하는 시간에는 나처럼 어쩔 수 없는 경우를 제외하고는 담임 수업을 하곤 한다. 전담교사가 수업을 하게 되면 진도를 다른 반과 맞추기 어려울 뿐더러 담임교사가 할 일이 붕 떠버리기 때문에 담임이 맡아서 대피를 하는 것이 관례처럼 이루어졌다. 그 덕분에 대피를 함께 하지 못하는 상황 자체에 더욱 부담과 아쉬움을 느끼게 되는 것 같다. 또 우리 반 아이들에게 조금씩 미안함이 쌓인다.

아쉬움이 남은 1년을 모두 지나보냈다. 나는 학교를 이제 옮겨가야 하는 입장이지만 내년에도 이러한 상황이 이어지면 안 되겠다는 생각을 했다. 그래서 적극적으로 의견을 냈다. 전담 선생님이 방송을 맡던지, 아니면 대피 훈련과 같은 특정한 상황에 보조해 줄 담당자가 필요하다고 말이다. 여러 회의를 거쳤지만 방송교육 업무는 '이상 없음' 판정을 받았다. 새로운 학기를 맞이해도 올해와 비슷한 상황으로 진행될 예정이다. 간절히 업무 개선의 필요성을 느끼고, 주변의 다른 선생님들이 적극적으로 공감했던 사안임에도 변화하지 않은 것이 많이 안타깝다.

내가 경험했던 아쉬움들, 그리고 아쉬움 속에서도 일을 진행해 나가기 위해 시도했던 여러 방법들을 상세히 다음 업무 담당자에게 전달해 주는 것이 내가 할 수 있는 마지막 노력이 아닐까.

새로운 학교를 만드는 중입니다

나는 새로운 학교를 만드는 중이다. 말 그대로 없던 학교를 새로 짓는 중이다. 내가 이사를 가려고 하는 새로운 아파트 단지가 꽤나 큰 규모의 단지라 단지 안에 학교가 새로 생긴다고 하는 소식을 들었다. 그 소식을 들은 지 얼마 지나지 않아 학교로 공문이 하나 전해졌다. 신설학교를 개교하기 위한 개교준비위원을 선정하겠다는 내용이었다. 나는 바로 신청서를 작성하여 제출했다.

크게 망설임 없이 신청서를 제출한 이유는 여러 가지가 있다. 우선 앞으로는 더 이상 신설학교를 경험해 볼 계기가 줄어들 것이라는 것이 가장 큰 이유였다. 전국적으로 학생 수가 점점 감소하는 추세에서 학교가 점차 줄어들고 없어지면 없어졌지, 새로 생겨나는 경우를 보기는 힘들 것 같았다. 사실 이 학교 또한 도심지에 새로운 학교를 하나 신설하기 위하여 시골의 작은 몇 개의 학교가 폐교하거나 통합하는 조건이 있었다고 들었다. 학교와 교육이라는 문제는 마냥 경제 논리로만 이득, 손해를 따져서는 안 된다고 생각한다. 대부분의 교육 사업이 그러한 토대 위에서 진행되고 있지만 학교를 새로 신설하는 문제와 같이 막대한 예산이 필요한 부분에서는 경제 논리를 온전히 배제하기는 어려웠던 것 같다. 그리고 앞으로는 더욱 이러한 현상이 심해질 것이라는 생각이 들었다.

그리고 내가 지금 근무하는 학교와도 정말 가깝다. 차를 타고 이동하면 5분도 채 걸리지 않는 거리다. 그렇기에 학군이 겹쳐서 새로운 학군과 동네에 적응해야 하는 부담이 적을 것 같았다. 새로 생긴 학교에는 정말 자잘한 일들이 많기에 많은 사람들이 첫해에 가기를 꺼려한다는 이야기를 들었다. 학교를 상징하는 꽃이나 나무를 정하는 일부터, 벽의 색깔, 교실 문 손잡이의 재질 하나까지 모든 것을 고려하고 선정해야 한다. 학교의 규칙도 처음부터 하나씩 만들어야 하며, 교사들이 업무를 처리하는 학교 문화 또한 바닥부터 다시 새롭게 쌓아가야 한다. 어찌 보면 힘든 앞날이 선명하지만 반대로 생각을 해보기로 했다. 할 일이 많고 대부분의 사람들이 꺼려한다는 것은 어찌 보면 정말 열심히 하고 싶은 사람들이나, 열정이 넘치는 사람들이 모여든다는 뜻으로 느껴지기도 했기 때문이다.

자기소개서와 여러 지원서를 작성하여 난 뒤 운 좋게도 개교준비위원에 선정되었다. 선정된 후 임명장도 받기 전에 했던 일이 있다. 바로 옆 도시에 있는 신설학교를 견학하는 것이었다. 사실 다른 학교를 방문해보는 자체가 드문 일이었는데, 거기에 새로 지어진 활기찬

학교를 견학한다는 것은 정말 인상 깊었다. 그 학교 또한 개교준비위원회의 준비를 통하여 이번 3월에 갓 개교한 학교였다. 다른 신설학교들보다 교사의 시각에서 본 실질적인 조언과 의견이 반영되도록 설계되고, 구성된 것이 돋보였다. 다수의 학교를 건축하고, 디자인한 업체들이 물론 트렌드에 맞추어 좋은 학교를 지어줄 수 있다. 하지만 학교 현장에서 직접 생활하고 아이들과 활동할 선생님들이 그 과정에 참여한다면, 조금 더 새로운 시도를 해볼 수 있는 멋진 결과가 나올 것은 분명했다. 그리고 그 학교 또한 그러한 결과를 보여주었다.

임명장을 받고는 한동안 쭉 시설과 설계에 관련하여 논의를 하였다. 다른 신설학교들보다 더 내실 있는 준비를 하기 위해 보통의 경우보다 1년 더 많은, 총 2년의 준비기간을 갖기로 한 것이다. 따라서 어느 정도의 기본 설계를 건축회사로부터 받아서 하나하나 결정해야 할 것이 많았다. 복잡하고 번거로운 부분도 있었지만, 건설이 완료된 뒤에 참여하여 이미 주어진 시설에 억지로 이리저리 끼워 맞출 수밖에 없는 답답함보다는, 서로의 뜻에 맞게 시설과 설계를 직접 협의하여 변경할 수 있다는 자율성이 더 만족스럽긴 했다.

수차례의 협의를 거쳐서 시설에 대한 설계를 완료했다. 그러는 도중에 우리들의 협의에 따라 설계에 큰 영향을 받지 않는 지하층부터 착공에 들어갔다. 중간 중간 온라인 설문과 가정통신문을 통해 예상 입학생과 전입생을 조사해 보았다. 예상보다 많은 학생들이 전학을 희망한다는 설문조사 결과에 따라 착공과 동시에 증축을 결정했다. 그럼에도 사실 희망하는 모든 아이들이 쾌적하게 함께 수업하고 활동할 수 있도록 하기에는 공간적으로 부족함이 많이 남아있다.

새로 지어지는 이 학교는 조금은 특이한 구조를 지닌다. 초등학교와 중학교가 함께 있는 형태다. 병설이나 같은 공간을 단순히 함께 사용하는 일반적인 형태가 아니라, 초등학교와 중학교가 정말 하나의 학교로 통합되어 있는 '통합학교'라는 새로운 시도를 하는 중이다. 'OO초중학교'라는 이름으로 개교되기 때문에 학교장 또한 한 명이다. 1,000명이 넘는 대규모 학교에 이러한 시도를 하는 것이 조금은 우려가 되기도 하지만, 새로운 도전을 위하여 열심히 협의하는 선생님들의 모습을 보면서 걱정은 조금씩 안심으로 바뀌어갔다. 기존의 학교들에서 나타나는 다양한 문제와 부족함을 새로운 방식으로 개선하려는 모습이 많이 나타났다.

나는 초등학교 교사이기 때문에 협의회 과정에서 초등학교 입장에서 주로 의견을 내곤 한다. 중등 선생님들은 중학교 입장에서 의견을 내곤 한다. 이러한 과정에서 느낀 점은 딱 한 가지다. 초등과 중등은 너무나도 다르다. 아이들의 발달 단계나 학습 수준부터 시작하여 심지어는 일하는 스타일도 다르다. 가장 크게 와 닿았던 것이 바로 교무실에 대한 논의였다. 우리는 교무실을 두 개로 만들 것인지, 통합학교답게 하나의 교무실로 통합하여 운영할 것인지에 대해 논의를 했다. 같은 공간에 대하여 협의하면서도 우리는 서로 다른 공간을 머릿속에 떠올렸다.

초등학교의 교무실은 정말 작은 공간이다. 교감선생님과 교무부장, 연구부장 선생님, 그리고 학교의 규모에 따라 1~3명 정도의 행정사(실무사) 선생님들이 상주한다. 보통 선생님들은 교무실에 있는 시간보다 각자의 교실이나 학년 별로 위치한 교사 연구실에서 많은 시간을 보낸다. 중학교의 경우에는 대부분의 선생님들이 교무실에 자리를 두고 생활하는 듯했다. 요즘은 연구부, 체육부, 생활부 등 부서별로 사무실을 만들어서 부서 별 업무 추진이나 협의에 효율성을 극대화시키는 경우도 있다고 한다. 그렇지만 교무실은 여전히 넓고 많은 선생님들이 일하는 곳이라는 생각이 많았다. 이렇게 사소한 것부터 다른 부분이 많았다. 누가 맞고, 누가 틀리느냐의 문제가 아니라고 생각한다. 우리는 하나의 학교를 만들기 위하여, 하나의 공동체를 새로 만들어내기 위하여 모인 사람들이기에 열린 마음으로 서로를 우선 이해하고 서로의 생각을 정확하게 파악하는 것에서부터 시작해야 한다는 생각을 했다.

이러한 협의 덕분에 나는 정말 많은 것을 배우고 있다. 어른스러운 대화가 무엇인지 배웠다. 또 평소 잘 읽지 않던 교육에 관련된 전문서적들을 읽게 되었다. 공식적인 자리에서 내 의견을 자신 있게 이야기하는 방법을 배웠고, 다양한 학교에서 모인 다양한 관심사를 가진 사람들과 협력하는 방법을 배웠다. 지금까지 해왔던 기간보다 앞으로 더 많은 기간을 개교준비위원으로 활동해야 한다. 내가 정성을 쏟아서 만든 학교라는 자부심이 생길 수 있도록 더 열심히 참여해야겠다. 그리고 내후년, 그 학교에 가서 아이들을 만나고 생활하면서 행복해 할 그날을 항상 머릿속에 그려야겠다.

나는 꼭 행복할 거다

간만에 학교가 고요하고 평화롭다. 왜인지 학교에 남아 친구들과 노는 아이들도 없고, 급박하게 처리해야 할 업무도 없다. 선생님들도 한 주를 마무리하며 금요일의 조용함을 즐기고 있는 것 같았다. 나 또한 이런저런 교실 정리를 마치고 다음 주를 준비해둔 뒤에 보건실로 향했다. 앞에서 언급한 적이 있지만, 보건실은 우리 학교 선생님들의 아늑한 사랑방이다. 일주일을 보내고 지친 몸과 마음을 그냥 몇 마디 대화로나마 해소하고 싶었다.

정말 다양한 주제에 대하여 이야기를 나누었다. 요즘 학급 아이들에 대한 이야기, 진도에 대한 이야기, 방학에 대한 이야기, 감정에 대한 이야기, 연애에 대한 이야기, 다음에 옮겨야 할 학교에 대한 이야기, 미래에 대한 이야기, 돈에 대한 이야기 등을 나누었다. 무엇 하나 가볍거나 허투루 주고받을 수 있는 이야기가 아니었다. 이야기를 주고받으며 혼자 문득 이런 생각이 들었다.

'몇 십 년 후의 나는 계속 선생님을 하고 있을까?'

나는 선생님을 평생 직업이라고도, 다른 직업으로 바꾸고 싶다고도 생각해 본 적이 없다. 선생님이 되면 그걸로 모든 결정의 곁가지들이 사라진다고 생각했다. 그저 이렇게 직업을 이어나가며 살겠지 하는 막연한 확신만 있었다. 단 한 번도 내가 교장선생님이 된다거나, 혹은 학교를 그만두고 어딘가에서 다른 직업을 가지고 일하는 상상을 구체적으로 해본 적이 없다. 왜 한 번도 그런 생각을 해본 적 없을까 의문이 들 정도로. 그러다 문득 떠오른 생각이었다.

이렇게 한 해씩 울고 웃으며 지내다 보면 4년, 5년은 금방 흘러갈 것이다. 그러면 다른 학교로 옮겨야 할 것이고, 학교를 두세 개쯤 바꾸어 보냈을 때 나는 다른 지역으로 옮겨야 할 것이다. 그렇게 서너 개 지역을 돌아 다시 이곳으로 올 때쯤 나는 퇴직을 앞둔 나이가 되어 있을 것이다. 이렇게 생각을 하니 인생이 정말 짧게 느껴졌다. 나에게 주어진 기회가 몇 번 없구나 하는 생각이 더욱 강하게 들었다. 교사라는 직업은 몇 번의 이동만으로 그 전체를 모두 소진하는구나. 몇 번의 이동만으로 40년에 걸친 긴 타임라인, 그리고 내 인생도 설명이 가능하게 되어버리는구나 하는 생각이 들었다.

대화를 하다가 교사라는 직업에도 변화의 기회가 있다는 것을 알게 되었다. 교사로 대략 40년을 채우고 아이들 속에서 퇴직하는 것도 물론 의미 있고 아주 영예로운 일이다. 하지만 10년 차 이상 지났을 때 전문직 시험을 볼 수 있다고 한다. 우리가 잘 아는 장학사나 연구사가 될 수 있는 시험이다. 잠시 학교 현장을 떠나서 조금 더 넓은 숲을 계획하고 관리하고 바라보는 업무일 것이다.

혹은 해외의 한국 학교에 파견을 갈 수도 있다. 2~3년간 그곳에서 교육활동을 진행한다는 것은 새로운 경험이자 또 다른 활력이 될 수 있지 않을까 싶다. 그 밖에도 선생님으로서 초등학교 대신 대학원에 가서 본격적으로 공부를 하는 기회도 원한다면 도전해 볼 수 있다.

솔직히 초등학교 선생님도 결코 단조로운 길은 아니라고 생각한다. 다만 나중에 되돌아보았을 때 단 몇 번 순환하여 근무하는 그 학교명과 지역명만으로 40년 시간을 설명하기에는 무언가 아쉽지 않겠는가. 이왕 오랜 기간 선생님으로 일할 거라면 정말 다양한 것들을 해보고 싶은 마음도 굴뚝같다.

직업을 가지기 전까지는 꿈에 대해 정말 많이 고민하고 도전해 보았다. 그러나 직업을 가지고 난 후에는 한 번도 그러한 과정을 거치지 않았다는 것이 아쉽다. 직업을 가진 뒤 처음으로 지금, 그러한 고민을 하는 중이다. 선생님이 된 후에도 여전히 나아갈 수 있는 길은 다양하고 또 매력적이다. 각 진로의 매력을 더욱 열심히 고민하고 걱정하고 시도하고 실패하고 도전하고 부딪히면서 꼭 성공하고자 한다. 선택이 어떻든, 40년 뒤에 내가 무엇을 하고 있든 나는 꼭 행복할 거다.

  글을 마무리하고 나는 6년 동안 근무했던 나의 첫 학교를 떠났
다. 새로운 이야기가 시작될 아직은 낯선 학교로 발령을 받아 새
학기를 꼼꼼하게 준비해 나갔다. 그런데 추운 겨울바람 속에서
퍼져나가기 시작했던 코로나19의 영향력은 봄의 따스함이 뜨거
운 햇살로 바뀌어가는 지금까지도 이어지고 있다. 덕분에 유례
없는 온라인 개학을 맞이하게 되었고, 책을 마무리 짓는 지금까
지도 아이들을 교실에서 맞이하지 못하는 상황이 이어지고 있다.

  새 학교, 새 아이들과 함께 나의 새로운 일 년을 시작해보려는
야심찬 계획은 잠시 뒤로 밀려났지만, 온라인에서 아이들을 만
나는 이 상황도 꽤나 값진 경험으로 남게 될 것 같다. 열심히 학
습 꾸러미를 만들어 가정으로 나누어주는 색다른 경험도, 온라
인으로 출석을 체크하는 모두가 낯선 그 경험도, 텅 빈 교실에
서 하루를 바쁘게 보내는 선생님의 경험도. 그리고 평범한 일상

을 간절하게 바라고 기다리는 모두의 경험도 꽤 값지게 남지 않을까 싶다.

교직생활을 이어나가며 오랫동안 잊지 못할 2020년의 새 학기, 모두에게 새롭고 낯선 지금의 풍경 또한 진짜 선생님이 되어가기 위해 도전하고 부딪혀 나가면서 겪어내야 할 하나의 관문이 아닐까 싶다.